ALBRECHT SCHLEICH

Das parlamentarische Untersuchungsrecht
des Bundestages

Schriften zum Öffentlichen Recht

Band 488

Das parlamentarische Untersuchungsrecht des Bundestages

Von

Dr. Albrecht Schleich

DUNCKER & HUMBLOT / BERLIN

CIP-Kurztitelaufnahme der Deutschen Bibliothek

Schleich, Albrecht:
Das parlamentarische Untersuchungsrecht des
Bundestages / von Albrecht Schleich. — Berlin:
Duncker und Humblot, 1985.
   (Schriften zum Öffentlichen Recht; Bd. 488)
   ISBN 3-428-05852-6

NE: GT

Alle Rechte vorbehalten
© 1985 Duncker & Humblot GmbH, Berlin 41
Gedruckt 1985 bei Berliner Buchdruckerei Union GmbH, Berlin 61
Printed in Germany
ISBN 3-428-05852-6

Inhaltsverzeichnis

A. Entstehungsgeschichte des parlamentarischen Untersuchungsrechts in Deutschland 9

B. Die Stellung von Untersuchungsrecht und Untersuchungsausschuß im Gesamtgefüge des Grundgesetzes 13

    I. Rechtsnatur des Untersuchungsausschusses 13

    II. Verfassungsrechtliche Funktion des parlamentarischen Untersuchungsrechts 15

    III. Die Korollartheorie als Maßstab für die Grenzen der Zulässigkeit von Untersuchungsgegenständen und der Befugnisse des Untersuchungsausschusses 17

        1. Beschränkung des Untersuchungsrechts durch seine verfassungsrechtliche Funktion 17

        2. Konsequenzen aus dieser Beschränkung für die Zulässigkeit von Untersuchungsgegenständen bzw. -maßnahmen 18

C. Zuständigkeiten und Befugnisse des Untersuchungsausschusses 19

    I. Das Recht zur Tatsachenermittlung 19

        1. Das Beweiserhebungsrecht 20

            a) Auslegung des Art. 44 Abs. 2 Satz 1 GG 20
                aa) „Sinngemäße" Gesetzesanwendung 20
                bb) „Vorschriften über den Strafprozeß" 21
                cc) Anwendung auf „Beweiserhebungen" 21
                dd) Reichweite der Verweisung 22

            b) Die einzelnen Beweiserhebungsrechte 23
                aa) Augenscheinsbeweis 23
                bb) Zeugen- und Sachverständigenbeweis 23
                cc) Aktenvorlagerecht 25
                dd) Beschlagnahme- und Durchsuchungsrechte 25

        2. Das Amts- und Rechtshilferecht 29

        3. Das Zitierrecht des Art. 43 Abs. 1 GG 29

Inhaltsverzeichnis

II. Das Recht zur Bewertung der ermittelten Tatsachen 29

III. Das Recht zur Beratung des Parlamentsplenums 29

IV. Die Verfahrenshoheit des Untersuchungsausschusses 30

D. Das Rechtsstaatsprinzip als Schranke des parlamentarischen Untersuchungsrechts 31

I. Verfassungsrechtliche Grundlage für diese Beschränkung 31

II. Rechtsstaatliche Anforderungen an den Untersuchungsgegenstand . 31

1. Kompetenz des Bundestages zur Entscheidung über die Rechtsstaatlichkeit eines Untersuchungsgegenstands 31
2. Erforderlichkeit des öffentlichen Interesses an einer Untersuchung 31
3. Einhaltung des Verhältnismäßigkeitsprinzips 32
4. Problematik der Zurückverweisung einer Untersuchung an den Untersuchungsausschuß bzw. der erneuten Einsetzung eines Untersuchungsausschusses zum selben Thema 32

III. Rechtsstaatliche Anforderungen an das Untersuchungsverfahren . 33

1. Bindung des Untersuchungsausschusses an die Grundrechte und das Verhältnismäßigkeitsprinzip 33
2. Art. 2 Abs. 1, 14 GG und das Steuergeheimnis des § 30 AO 34
3. Art. 10 GG in Verbindung mit Art. 44 Abs. 2 Satz 2 GG 38
4. Art. 1 Abs. 1, 2 Abs. 1 GG und die Anwendbarkeit der Zeugen- und Beschuldigtenschutzvorschriften der Strafprozeßordnung .. 39
   a) Zeugenschutzvorschriften 39
      aa) § 69 Abs. 3 in Verbindung mit § 136 a StPO 40
      bb) § 55, erste Alt. StPO 40
      cc) § 68 a StPO 42
      dd) §§ 55, zweite Alt., 52 StPO 42
      ee) §§ 53, 53 a StPO 43
      ff) § 97 StPO 44
      gg) §§ 61 Nr. 5, 60, 63 StPO 44
   b) Beschuldigtenschutzvorschriften 46
      aa) Der Begriff des „Betroffenen" 46
      bb) Das Recht auf rechtliches Gehör 47
      cc) Das Aussageverweigerungsrecht 52
      dd) Das Vereidigungsverbot 54

E. Gewaltenteilungsprinzip und Verfassungsorgantreuepflicht als Schranken des parlamentarischen Untersuchungsrechts 55

    I. Bindung des parlamentarischen Untersuchungsrechts an Gewaltenteilungsprinzip und Verfassungsorgantreuepflicht 55

    II. Die Begriffe der Gewaltenteilung und Verfassungsorgantreue 55

        1. Prinzip der Gewaltenteilung 55

        2. Verfassungsorgantreuepflicht 56

    III. Bedeutung dieser Schranken für die Frage der Zulässigkeit von Untersuchungsgegenständen 56

        1. Problem ständiger Untersuchungsausschüsse 56

        2. Untersuchungsgegenstände aus dem Bereich der Rechtspflege .. 58

        3. Untersuchungsgegenstände aus dem Bereich von Regierung und Verwaltung 59

    IV. Bedeutung dieser Schranken für den Untersuchungsausschuß selbst 59

        1. Die Beschränkung des Untersuchungsausschusses durch Art. 43 Abs. 2 Satz 1 GG 60

            a) Wörtliche Auslegung des Art. 43 Abs. 2 Satz 1 GG 61

            b) Historische Auslegung des Art. 43 Abs. 2 Satz 1 GG 61

            c) Systematische Auslegung des Art. 43 Abs. 2 Satz 1 GG 62

            d) Teleologische Auslegung des Art. 43 Abs. 2 Satz 1 GG 62

        2. Beschränkung des Untersuchungsausschusses durch ein strafrechtliches Parallelverfahren 63

F. Das Staatssicherheitsprinzip als Schranke des parlamentarischen Untersuchungsrechts 67

    I. Begriffsklärung und verfassungsrechtliche Grundlage für diese Beschränkung 67

    II. Die Beschränkung des Aktenvorlage- und Zeugenbeweiserhebungsrechts nach den §§ 54, 96 StPO in Verbindung mit Art. 44 Abs. 2 Satz 1 GG 68

G. Bundesstaatsprinzip und kommunales Selbstverwaltungsrecht als Schranken des parlamentarischen Untersuchungsrechts 75

    I. Verbindlichkeit dieser Grundsätze für das parlamentarische Untersuchungsrecht 75

Inhaltsverzeichnis

II. Bedeutung dieser Schranken für die Frage der Zulässigkeit von Untersuchungsgegenständen 75

1. Unmittelbare Untersuchung von Ländermaterie 75

2. Mittelbare Untersuchung von Ländermaterie 77

3. Unmittelbare und mittelbare Untersuchung von kommunalen Angelegenheiten 78

III. Bedeutung dieser Schranken für den Untersuchungsausschuß selbst 79

1. Beschränkungen im Rahmen mittelbarer Untersuchungen von Länder- oder Gemeindeangelegenheiten 79

2. Geltung des § 50 StPO zugunsten von Mitgliedern der Landesregierungen bzw. Landtage 79

3. Beschränkung durch Art. 43 Abs. 2 Satz 1 GG 79

H. Der Minderheitenschutz im parlamentarischen Untersuchungsrecht 81

I. Das Minderheitsrecht im Rahmen der Einsetzung von Untersuchungsausschüssen 81

1. Verfassungsmäßigkeit des Antrags als Voraussetzung für die Einsetzungspflicht 81

2. Kompetenz zur Entscheidung über die Zulässigkeit des Antrags 81

3. Zulässigkeitsvermutung zugunsten von Minderheitsanträgen .. 82

4. Veränderungen des beantragten Untersuchungsthemas durch die Bundestagsmehrheit 82

5. Rechtsschutzmöglichkeiten 83

II. Minderheitsrechte während des Untersuchungsverfahrens 83

III. Minderheitsrechte im Rahmen der Beendigung von Untersuchungsverfahren 87

1. Normalfall der Beendigung eines Untersuchungsverfahrens 87

2. Beendigung des Untersuchungsverfahrens durch Auflösungsbeschluß des Bundestages 87

J. Bestrebungen zur Reformierung des parlamentarischen Untersuchungsrechts 88

Literaturverzeichnis 90

A. Entstehungsgeschichte des parlamentarischen Untersuchungsrechts in Deutschland

Für die Entwicklung des deutschen Untersuchungsrechts waren ausländische Vorbilder von entscheidender Bedeutung. Vor allem die britische Parlamentspraxis kann schon auf sehr frühe Untersuchungen zurückblicken. Bereits im Jahre 1340 setzte das britische Parlament einen Ausschuß „zur Prüfung der Rechnungen über die Verausgabung der letztbewilligten Subsidie" ein[1]; und als die Verfassungskämpfe des 17. Jahrhunderts zugunsten des Parlamentarismus entschieden waren, stellten die Untersuchungen der sogenannten select committees des Parlaments die Tätigkeit der von Krone und Regierung ins Leben gerufenen Untersuchungsorgane („royal commissions" bzw. „departmental committees") mehr und mehr in den Schatten[2]. Aber auch die Enquête-Praxis der jüngeren Parlamente, insbesondere des amerikanischen Kongresses und der französischen Nationalversammlung, blieb nicht ohne Einfluß auf die Entstehung des deutschen Untersuchungsrechts. Obgleich wegen des von Montesquieu geprägten Gewaltenteilungsdenkens, welches das parlamentarische Untersuchungsrecht lange Zeit als unlösbares Problem ansah, das Enquêterecht weder in der amerikanischen noch in der französischen Verfassung ausdrücklich verankert ist, fanden in diesen Ländern von Anfang an zahlreiche Untersuchungsverfahren aus verschiedensten Anlässen statt[3]. Heute ist das parlamentarische Untersuchungsrecht in den USA durch die Rechtsprechung des „Supreme Court" und in Frankreich durch den Erlaß eines Untersuchungsausschuß-Gesetzes als unbestrittenes und allseits anerkanntes Instrument der Volksvertretung abgesichert[4].

In Deutschland wurde das Enquêterecht des Parlaments erstmals in § 91 der Verfassung des Großherzogtums Sachsen-Weimar-Eisenach vom 5. 5. 1816 ausdrücklich erwähnt. Im Jahre 1831 folgte das Kurfürstentum

---

Anmerkung: Die vollständigen Titel der im folgenden nur verkürzt zitierten Werke können dem Literaturverzeichnis entnommen werden.

[1] Vgl. Redlich, Englischer Parlamentarismus, S. 469.
[2] Vgl. Ridder, Staatslexikon, Sp. 1170, und Steffani, PVS 1, S. 154.
[3] Vgl. Ridder, Staatslexikon, Sp. 1171, und Steffani, PVS 1, S. 155 f.
[4] Vgl. z. B. den Case Watkins v. US., 354 US. 178 und Sweeney v. New Hampshire, 354 US. 234 (Juni 1957) bzw. das entsprechende Gesetz der Französischen Nationalversammlung v. 6. 1. 1950.

Hessen mit § 93 seiner Verfassung. Doch war man in dieser von Gedanken der Restauration geprägten Zeit von der Institution eines funktionsfähigen Untersuchungsrechts noch weit entfernt. Da weder Parlament noch Untersuchungsausschuß über Sanktionsmöglichkeiten verfügten, mit welchen auf eine Beeinträchtigung oder Vereitelung des Untersuchungsverfahrens durch die Regierung hätte reagiert werden können, fehlte dem Enquêterecht trotz seiner verfassungsrechtlichen Garantie die erforderliche Effektivität. Erst die Ausstattung des Untersuchungsausschusses mit Zwangsbefugnissen und die Einbindung des Untersuchungsrechts in ein parlamentarisches System, in welchem „Wohl und Wehe" der Regierung von der Unterstützung durch das Parlament abhing, vermochte dem Enquêterecht diese Effektivität zu vermitteln. Dies geschah aber erst im Rahmen der Weimarer Reichsverfassung vom 11. 8. 1919. So war die Festlegung des parlamentarischen Untersuchungsrechts in § 99 der Reichsverfassung vom 28. 3. 1849, in den §§ 81 bzw. 82 der preußischen Verfassungen von 1848 und 1850 und in den Staatsgrundgesetzen von Schleswig-Holstein (1848), Gotha (1849) und Waldeck-Pyrmont (1849/1852) ohne praktische Auswirkung. Als Beispiel sei die Vereitelung des am 28. 11. 1863 vom preußischen Parlament eingesetzten Wahlprüfungsausschusses durch Bismarck erwähnt[5]. Die preußische Volksvertretung hatte damals keine weitergehende Möglichkeit, als durch einen Mehrheitsbeschluß die Verfassungswidrigkeit von Bismarcks Vorgehen festzustellen.

Nachdem das Untersuchungsrecht noch in der Reichsverfassung von 1871 unerwähnt geblieben war, kam — wie bereits angedeutet — im Jahre 1919 mit dem Wechsel zum parlamentarischen System auch für das Enquêterecht die entscheidende Wende. Nicht genug damit, daß das Untersuchungsrecht nun in eine Verfassung eingebettet war, die dem Parlament eine effektive Exekutivkontrolle ermöglichte und die Untersuchungsausschüsse mit gerichtsähnlichen Zwangsbefugnissen ausstattete. Zusätzlich versah man das Enquêterecht in Art. 34 WRV mit einer Besonderheit, welche das deutsche Untersuchungsrecht bis heute vor allen anderen entsprechenden Regelungen in der Welt auszeichnet: dem Minderheitsrecht. Danach kann das Parlament nicht nur aufgrund eines Mehrheitsbeschlusses ein Untersuchungsverfahren einleiten; es ist darüber hinaus zur Einsetzung eines Untersuchungsausschusses verpflichtet, wenn eine qualifizierte Minderheit dies beantragt.

Diese Regelung ging auf den Vorschlag Max Webers zurück[6]. Er hatte erkannt, daß der Wandel zum parlamentarischen System nicht nur Vorteile für das Untersuchungsrecht mit sich gebracht hatte. Vielmehr hatte

---
[5] Vgl. hierzu Steffani, PVS 1, S. 162, m. w. N.
[6] Vgl. Weber, Parlament und Regierung, S. 58 ff. und S. 66 f.

A. Entstehungsgeschichte des parlamentarischen Untersuchungsrechts

sich unter anderem in Großbritannien gezeigt, daß die Ablösung des Spannungsverhältnisses zwischen Parlament auf der einen und Regierung auf der anderen Seite durch den nun neu entstandenen Dualismus Parlamentsminderheit — Parlamentsmehrheit und Regierung die Bereitschaft des Parlaments zur Einsetzung von Untersuchungsausschüssen erheblich mindert[7]. Denn naturgemäß verspürt die Parlamentsmehrheit wenig Interesse, einer von ihr getragenen Regierung durch Enquêten Unannehmlichkeiten zu bereiten. Um dieser Gefahr einer Verringerung der Effizienz des Enquêterechts als Exekutivkontrollinstrument zu begegnen, mußte das parlamentarische Untersuchungsrecht dergestalt geändert werden, daß es nicht mehr nur dem Parlament als Ganzem, sondern auch der Parlamentsminderheit zur Verfügung stand. Dies jedoch konnte allein durch die Einrichtung eines Minderheitsrechts erreicht werden. Die Väter der Weimarer Reichsverfassung folgten diesem Vorschlag Max Webers. Da die Schöpfer des Grundgesetzes und der heutigen Landesverfassungen sich bei der Regelung des parlamentarischen Untersuchungsrechts eng an Art. 34 WRV orientierten[8], gilt Max Weber als entscheidender Gestalter auch unseres bundesdeutschen Enquêterechts.

Heute ist das parlamentarische Untersuchungsrecht des Bundestages bzw. der Landtage und Bürgerschaften in folgenden Artikeln und Paragraphen geregelt:

1. Art. 44 GG

2. Baden-Württemberg:
   a) Art. 35 der Verfassung
   b) Gesetz über Einsetzung und Verfahren von Untersuchungsausschüssen vom 3. 3. 1976 (GVBl. Seite 194)
   c) § 33 GeschOLT

3. Bayern:
   a) Art. 25 der Verfassung
   b) Gesetz über die Untersuchungsausschüsse des Bayerischen Landtages vom 23. 3. 1970 (GVBl. Seite 95, berichtigt Seite 128)
   c) § 47 GeschOLT
   d) Art. 26 des Gesetzes über den Senat in der Fassung vom 9. 2. 1966 (GVBl. Seite 99) und 18. 12. 1969 (GVBl. Seite 99)
   e) § 33 Abs. 2 GeschOBaySenat

---

[7] Vgl. Steffani, PVS 1, S. 164.
[8] Vgl. Maunz, M-D-H-S, Rn. 2 zu Art. 44 GG, und Scholz, AÖR 105, S. 585.

4. Berlin:
    a) Art. 33 der Verfassung
    b) Gesetz über die Untersuchungsausschüsse des Abgeordnetenhauses von Berlin vom 22. 6. 1970 (GVBl. Seite 925), in der Fassung vom 26. 11. 1974 (GVBl. Seite 2746)
    c) §§ 23, 42 GeschOAbghs.
5. Bremen:
    a) Art. 105 Abs. 6 der Verfassung
    b) § 64 GeschO Bremer Bürgerschaft
6. Hamburg:
    a) Art. 25, 32 der Verfassung
    b) §§ 74 bis 79 GeschO Hamburger Bürgerschaft
7. Hessen:
    a) Art. 92 der Verfassung
    b) §§ 26 bis 31 GeschOLT
8. Niedersachsen:
    a) Art. 11 der Verfassung
    b) § 11 Abs. 5 GeschOLT
9. Nordrhein-Westfalen:
    a) Art. 41 der Verfassung
    b) § 35, 36 GeschOLT
10. Rheinland-Pfalz:
    a) Art. 91 der Verfassung
    b) § 88, 89 GeschOLT
11. Saarland:
    a) Art. 81 der Verfassung
    b) Gesetz Nr. 970 vom 20. 6. 1973 ABl., Seite 517 (§§ 38 bis 59)
12. Schleswig-Holstein:
    a) Art. 15 der Verfassung
    b) § 10 der GeschOLT

Gegenstand dieser Arbeit ist das z. Z. allein in Art. 44 GG geregelte Untersuchungsrecht des Bundestags.

B. Die Stellung von Untersuchungsrecht und Untersuchungsausschuß im Gesamtgefüge des Grundgesetzes

I. Rechtsnatur des Untersuchungsausschusses

Untersuchungsausschüsse sind Sonder- oder Ad-hoc-Ausschüsse des Parlaments (vgl. § 54 Abs. 1 Satz 2 GeschOBT). Als solche sind sie Organe der Volksvertretung (vgl. § 62 Abs. 1 Satz 2 GeschOBT) und damit Teile eines höchsten Verfassungsorgans (vgl. Art. 20 Abs. 2 GG). Daß der Grundgesetzgeber den Untersuchungsausschüssen auch innerhalb der Parlamentsausschüsse einen hohen Stellenwert beigemessen hat, ergibt sich aus ihrer Regelung vor allen anderen im Grundgesetz ausdrücklich erwähnten Ausschüssen. Die Tatsache, daß Art. 44 GG zwar grundsätzlich Untersuchungen durch das Plenum selbst oder andere Ausschüsse nicht verbietet, Untersuchungen mittels der in Abs. 2 genannten Beweiserhebungsbefugnisse aber nur durch einen Untersuchungsausschuß zuläßt, hat zu Schwierigkeiten bei der Präzisierung der Rechtsnatur von Untersuchungsausschüssen geführt. So versuchte man, der außergewöhnlichen Situation, daß ein Organ des Parlaments über Befugnisse verfügt, die dem Plenum selbst nicht zustehen, mit Begriffen wie „Hilfsorgan", „Teilorgan" und „Unterorgan" gerecht zu werden[1]. Der Besonderheit, daß der Untersuchungsausschuß weder im eigenen noch im Namen des Plenums handelt, vielmehr das Parlament durch ihn die Untersuchung führt, kommt die Bezeichnung „Teilorgan" am nächsten.

Die Ausstattung dieses Teilorgans mit strafgerichtlichen Beweiserhebungsrechten veranlaßte viele, den Untersuchungsausschuß als eine Art parlamentarisches Gericht und sein Verfahren als gerichtsähnlich einzustufen[2]. In der Tat drängt sich bei den beiden heute häufigsten Untersuchungsausschußarten, den sog. Skandal- und Kontrollenquêten, eine gewisse Parallelität auf: Diese Untersuchungen betreffen stets das Verhalten von Personen, für deren berufliche und gesellschaftliche Stel-

---

[1] Hilfsorgan: vgl. z. B. Maunz, M-D-H-S, Rn. 3 zu Art. 44 GG; Keßler, AÖR 88, S. 313; Pfander, NJW 1970, S. 314; Trossmann, Festschrift, S. 23.
  Teilorgan: vgl. z. B. Schneider, Antragsschrift, S. 29; Scholz, AÖR 105, S. 600.
  Unterorgan: vgl. z. B. Giese/Schunck, GG für die BRD, Anm. II 1 zu Art. 44 GG; Versteyl, Grundgesetz-Kommentar, Rn. 8 zu Art. 44 GG; Rechenberg, Bonner Kommentar, Rn. 10 zu Art. 44 GG.

[2] Vgl. Schäfer, Der Bundestag, S. 280, und Eschenburg, Staat und Gesellschaft, S. 551 f.

lung die Einleitung des Untersuchungsverfahrens einer strafrechtlichen Anklageerhebung sehr nahe kommt, und die strafgerichtsähnliche Beweiserhebung verstärkt den Eindruck, es handle sich um ein Parlamentsgericht. Doch sind die Unterschiede zwischen Untersuchungsausschüssen und Gerichten fundamental:

Nach der Rechtsprechung des Bundesverfassungsgerichts ist eine Behörde dann Gericht, wenn sie mit unabhängigen Richtern im Sinne von Art. 97 GG besetzt ist[3]. Dabei definiert das Bundesverfassungsgericht richterliche Unabhängigkeit als sachliche, organisatorische und persönliche Unabhängigkeit[4]. Ein Richter darf also an keinerlei Weisungen gebunden sein, die Gerichte bedürfen einer organisatorisch verselbständigten Stellung und es dürfen dem Richter aus seiner Tätigkeit keine persönlichen Nachteile erwachsen. Diese Voraussetzungen erfüllen die Mitglieder eines Untersuchungsausschusses nicht. Abgesehen davon, daß sie keine Urteile fällen, also kein Recht sprechen können, fehlt es ihnen an der erforderlichen Unabhängigkeit[5]. Als Abgeordnete sind sie zwar wegen des in Art. 38 Abs. 1 Satz 2 GG festgelegten freien Mandats Weisungen nicht unterworfen. Doch sind sie als Politiker fraktionellen und parteilichen Erwartungshaltungen ausgesetzt, die einer persönlich unabhängigen Stellung entgegenstehen. Da ein Untersuchungsausschuß — anders als Gerichte — nicht organisatorisch selbständig, sondern Teil der Legislative ist, besteht stets die Gefahr einer Kollision von Sachaufklärungsinteresse und parlamentarisch-politischen Interessen. Über diese Unterschiede in der Besetzung beider Gremien hinaus sind auch die Zielrichtungen von gerichtlicher und parlamentarischer Untersuchung verschieden[6]. Während das Gerichtsverfahren auf die verbindliche Entscheidung eines Rechtsstreits ausgerichtet ist, gilt das Enquêteverfahren allein politischen Aufklärungsinteressen. Dem Untersuchungsergebnis fehlt jegliche Bindungswirkung (vgl. Art. 44 Abs. 4 Satz 2 GG). Aus diesen Gründen kann trotz der obengenannten Gemeinsamkeiten von einer Gerichtsähnlichkeit des Untersuchungsausschusses bzw. seines Verfahrens nicht gesprochen werden. Allein die nach Art. 44 Abs. 2 GG zur Verfügung stehenden Beweiserhebungsrechte sind gerichtsähnlich.

---

[3] Vgl. BVerfGE 4, S. 331 ff.
[4] Vgl. BVerfGE 4, S. 331 ff. (344 ff.).
[5] Ebenso: Schäfer, Der Bundestag, S. 280; Müller-Boysen, Rechtsstellung des Betroffenen, S. 47 f.; Ellwein, Regierungssystem, S. 288; Klein, Kommentar zum GG, Rn. 1 zu Art. 44 GG; Wagner, NJW 1960, S. 1936.
[6] Ebenso: Gollwitzer, BayVBl 1982, S. 417; Pietzner, Evangelisches Staatslexikon, Sp. 2671; Scholz, AÖR 105, S. 597.

II. Verfassungsrechtliche Funktion des parlamentarischen Untersuchungsrechts

Ausgehend von den drei Funktionen eines modernen Parlaments[7] — der Gesetzgebung, Repräsentation des Volkes und Exekutivkontrolle — stellt sich die Frage nach der funktionalen Einordnung des parlamentarischen Untersuchungsrechts. Erweitert das Untersuchungsrecht diesen Katalog und stellt es eine selbständige parlamentarische Funktion dar, oder handelt es sich nur um eine von mehreren parlamentarischen Kompetenzen, die zur Verwirklichung der aus jenen Funktionen erwachsenden Aufgaben dient?

Ersterer Ansicht war Lewald[8]. Mit seiner Theorie von der Generalkontrollkompetenz vertrat er die Auffassung, das Untersuchungsrecht erweitere die parlamentarische Zuständigkeit über die durch die anderen Formen des Parlamentsrechts gezogenen Grenzen hinaus und sei deshalb gegenständlich unbegrenzt. Anderer Meinung war und ist die herrschende Meinung[9]: Seit Zweig gilt das parlamentarische Untersuchungsrecht als „Korollar" des im übrigen durch die Verfassung beschränkten parlamentarischen Aufgabenkreises[10]; d. h. das Untersuchungsrecht ist gegenständlich auf den verfassungsmäßig begrenzten Funktions- und Aufgabenbereich des Parlaments eingeengt, ist also keine eigenständige parlamentarische Kompetenz, sondern lediglich Mittel zur Erfüllung der durch die Verfassung im übrigen gestellten Aufgaben.

Für eine Generalkontrollkompetenz im Sinne Lewalds findet sich kein grundgesetzlicher Anhaltspunkt. Art. 44 GG macht keine Ausführungen über Inhalt und Grenzen des Untersuchungsrechts, sondern regelt lediglich, daß dieses Recht durch einen parlamentarischen Sonderausschuß wahrgenommen werden kann. Die Arbeit von Parlamentsausschüssen — die §§ 54 Abs. 1, 62 Abs. 1 GeschOBT stellen dies klar — erschöpft sich jedoch in der bloßen Unterstützung des Plenums. Dabei darf der parlamentarische Aufgabenbereich nicht überschritten werden.

Anknüpfend an die anfangs erwähnten Funktionen des Parlaments, denen auch das Untersuchungsrecht zu dienen hat, unterscheidet man folgende Untersuchungsausschußarten[11]:

---

[7] Vgl. hierzu näher: Klein, Kommentar zum GG, Rn. 2 zu Art. 38 GG.
[8] Vgl. Lewald, AÖR 44, S. 292 f.
[9] Vgl. z. B. Maunz, M-D-H-S. Rn. 15 zu Art. 44 GG; Model / Müller, GG für die BRD, Anm. 3 zu Art. 44 GG; Hamann / Lenz, Kommentar zum GG, Anm. B 1 zu Art. 44 GG; Jaeger, Staatslexikon, Sp. 639; Laforet, Gegenwartsprobleme, S. 62.
[10] Vgl. Zweig, ZfP VI, S. 267.
[11] Vgl. Maunz, M-H-D-S, Rn. 4 zu Art. 44 GG; Rechenberg, Bonner Kommentar, Rn. 2 zu Art. 44 GG; Scholz, AÖR 105, S. 593.

I. Gesetzgebungsenquêten
II. Kontrollenquêten
III. Politisch-propagandistische Skandalenquêten

In der Praxis tritt oft eine Mischform von Kontroll- und Skandalenquêten auf. Man denke z. B. an den Tornado-Untersuchungsausschuß der neunten Legislaturperiode, bei dem es nicht nur um die Beschaffung sachlicher Information zur Exekutivkontrolle, sondern auch um einen politisch-propagandistischen Angriff gegen den damaligen Bundesverteidigungsminister ging. Nicht unerwähnt bleiben soll schließlich eine vierte, weniger häufige Untersuchungsausschußart: die Enquête in Kollegialsachen. Hier handelt es sich um eine Selbstkontrolle des Parlaments in Gestalt von Abgeordneten- oder Wahlenquêten.

In der aktuellen Praxis des parlamentarischen Untersuchungsrechts liegt der Schwerpunkt eindeutig bei Kontroll- und Skandaluntersuchungen[12]. Dies ist zum einen darin begründet, daß sich diese Enquêten bestens zur propagandistischen Schwächung des politischen Gegners verwenden lassen. Zum anderen spielt aber auch die durch die sich ständig vergrößernde Komplexität gesetzlich regelungsbedürftiger Bereiche bedingte Unzulänglichkeit von Legislativ-Enquêten eine Rolle: Art. 44 GG läßt nur Parlamentsabgeordnete als Untersuchungsausschuß-Mitglieder zu. Da aber Gesetzgebungsenquêten heute ohne die Mitwirkung von außerparlamentarischen Fachleuten nur noch erschwert durchführbar sind, wird dieser Bereich seit 1969 von sog. Enquête-Kommissionen abgedeckt, wie sie in § 56 GeschOBT geregelt sind[13]. Diese setzen sich auch aus Nicht-Parlamentariern zusammen, haben allerdings nicht die Befugnisse von Untersuchungsausschüssen.

Anzumerken ist ferner, daß das Untersuchungsrecht in einem parlamentarischen System wie der Bundesrepublik Deutschland nur mehr eingeschränkt Waffe des ganzen Parlaments gegen die Exekutive ist[14].

Dies war es in der Epoche der konstitutionellen Monarchien und ist es — wenngleich in deutlich abgeschwächter Form — auch heute noch in den präsidentiellen Systemen. In unserem System verlaufen die politischen Fronten weniger zwischen Parlament und Regierung, als zwischen Regierung und der sie stützenden Parlamentsmehrheit auf der einen Seite und der oppositionellen Parlamentsminderheit andererseits. Dies hat zur Folge, daß das Untersuchungsrecht heute im wesentlichen ein

---

[12] Ebenso: Pietzner, Staatslexikon, Sp. 2671; Schneider, Antragsschrift, S. 27; Versteyl, Grundgesetz-Kommentar, Rn. 2 zu Art. 44 GG.
[13] Vgl. hierzu Schmittner, DÖV 1973, S. 694 ff.
[14] Vgl. Scholz, AÖR 105, S. 596; Rotter, PVS 20, S. 114; Keßler, Deutscher Parlamentarismus, S. 468.

Mittel der Opposition darstellt, mit dessen Hilfe diese ihre verfassungsrechtliche Aufgabe und Befugnis zur Geltendmachung der Kritik an Regierung und Verwaltung erfüllt. Wie oben A. dargelegt, liegt in diesem Umstand auch die Einführung des Minderheitsrechts in das parlamentarische Untersuchungsrecht begründet.

Zusammenfassend läßt sich also feststellen: Die verfassungsrechtliche Funktion des parlamentarischen Untersuchungsrechts ist die Unterstützung des Parlaments bei der Erfüllung der aus den drei parlamentarischen Funktionen erwachsenden Aufgaben. Aufgrund der zur Gesetzesvorbereitung besseren Eignung von Enquête-Kommissionen im Sinne von § 56 GeschOBT liegt heute der Schwerpunkt parlamentarischer Untersuchungstätigkeit bei Kontroll- und Skandalenquêten. Diese sind in unserem parlamentarischen System vornehmlich Waffe der Opposition und nicht mehr des ganzen Parlaments.

III. Die Korollartheorie als Maßstab für die Grenzen der Zulässigkeit von Untersuchungsgegenständen und der Befugnisse des Untersuchungsausschusses

1. Beschränkung des Untersuchungsrechts durch seine verfassungsrechtliche Funktion

Fragen nach der Zulässigkeit von Untersuchungsgegenständen und Befugnissen bzw. Beschränkungen des Untersuchungsausschusses finden weder in Art. 44 GG noch in den entsprechenden Regelungen der Landesverfassungen eine zufriedenstellende Antwort. Bezüglich der Zulässigkeit von Untersuchungsgegenständen fehlt es dort gänzlich an Hinweisen der Verfassungsgeber, und hinsichtlich der Befugnisse und Schranken des Untersuchungsausschusses erschöpft sich die Regelung in einer pauschalen Verweisung auf das Strafprozeßrecht (vgl. Art. 44 Abs. 2 Satz 1 GG, 25 Abs. 2 Satz 1 BV). Zur Problemlösung ist man deshalb auf allgemeine Rechtsgrundsätze angewiesen, und hier bietet sich die soeben erörterte verfassungsrechtliche Funktion des Untersuchungsrechts als Ansatzpunkt an. Wie jedes Verfassungsrecht unterliegt auch das Untersuchungsrecht dem immanenten Verbot einer Wahrnehmung wider seine vom Verfassungsgeber bestimmte Funktion[15]; d. h., Parlament und Untersuchungsausschuß können sich nur insoweit auf Art. 44 GG (bzw. die entsprechenden Normierungen der Landesverfassungen) berufen, als sie das Untersuchungsrecht im Rahmen dieser Funktion einsetzen. Mangels spezieller Regelung ist also davon auszugehen, daß nur diejenigen Untersuchungsgegenstände und -maßnahmen zulässig

---
[15] Vgl. Scholz, AÖR 105, S. 599.

sein können, die von der verfassungsrechtlichen Funktion des parlamentarischen Untersuchungsrechts gedeckt sind.

2. Konsequenzen aus dieser Beschränkung für die Zulässigkeit von Untersuchungsgegenständen bzw. -maßnahmen

Wie oben II. dargelegt, wird die Funktion des Untersuchungsrechts heute in der Unterstützung des Parlaments bei der Bewältigung der aus den drei Tätigkeitsbereichen der Exekutivkontrolle, Gesetzgebung und Repräsentation erwachsenen Aufgaben gesehen. Die Bindung von Parlament und Untersuchungsausschuß an diese unterstützende Funktion des Untersuchungsrechts bedeutet, daß die Legislative bei der Wahrnehmung des Enquêterechts denselben Beschränkungen unterliegt, denen sie auch im übrigen bei der Erfüllung ihrer Aufgaben ausgesetzt ist. Deshalb ist die Grenze zwischen zulässigen und unzulässigen Untersuchungsgegenständen bzw. -maßnahmen dort zu ziehen, wo die Kompetenzen enden, die dem Parlament zur Erfüllung der aus seinen Funktionen erwachsenden Pflichten zur Verfügung stehen. Da sich das Untersuchungsrecht auf diese Weise als Korollar der parlamentarischen Kompetenzen erweist, bezeichnet man diese — inzwischen allgemein anerkannte[16] — Auffassung als „Korollartheorie".

---

[16] Vgl. Anm. 9 zu Kapitel B.

C. Zuständigkeiten und Befugnisse des Untersuchungsausschusses

Zur Erfüllung ihrer verfassungsrechtlichen Funktion stehen den Untersuchungsausschüssen eine Reihe von Befugnissen zu, die sie — auch gegenüber dem Plenum — selbständig ausüben können.

I. Das Recht zur Tatsachenermittlung

Als erstes ist hier das Recht zur Tatsachenermittlung zu nennen[1]. Ohne Tatsachenfeststellung kann keine Untersuchung durchgeführt werden. Um die Tätigkeit des Untersuchungsausschusses nicht ohne rechtlichen Grund über Gebühr einzuengen, ist der Begriff „Tatsache" weit auszulegen[2]. Auch psychologische Momente, Anschauungen, Gesetzmäßigkeiten und Usancen unterliegen dem Ermittlungsrecht.

Entgegen einer vereinzelt vertretenen Ansicht geht aber von der Sachverhaltsfeststellung durch den Untersuchungsausschuß keinerlei Bindungswirkung aus[3]. Art. 44 Abs. 4 Satz 1 GG, der als Stütze für die gegenteilige Auffassung zitiert wird, verbietet einem Gericht lediglich, sich unmittelbar mit einem Untersuchungsausschußbeschluß zu befassen und ein Urteil über diesen zu fällen. Nicht aber untersagt diese Vorschrift dem Richter, im Rahmen eines Prozesses, dem derselbe Sachverhalt, der auch einen Untersuchungsausschuß beschäftigt hat, zugrunde liegt, diesen Sachverhalt auch in tatsächlicher Hinsicht anders zu würdigen als der Untersuchungsausschuß. Dies ergibt sich bereits aus Art. 44 Abs. 4 Satz 2 GG, der die Gerichte nicht nur in der rechtlichen, sondern auch der tatsächlichen Würdigung eines Geschehens von jeglicher Bindung freistellt.

Zur Feststellung der für die Untersuchung erheblichen Tatsachen stehen dem Untersuchungsausschuß mehrere rechtliche Möglichkeiten zur Auswahl:

---

[1] Achterberg, Parlamentsrecht, S. 59; Maunz, M-D-H-S, Rn. 20 zu Art. 44 GG; Plagemann, ZParl 8, S. 245.
[2] Ebenso: Achterberg, Parlamentsrecht, S. 59; Maunz, Rn. 20 zu Art. 44 GG.
[3] Vgl. Hamann / Lenz, Kommentar zum Grundgesetz, Anm. B. 1 zu Art. 44 GG.

C. Zuständigkeiten und Befugnisse des Untersuchungsausschusses

1. Das Beweiserhebungsrecht

Gemäß Art. 44 Abs. 1 Satz 1, 44 Abs. 2 Satz 1 GG hat der Untersuchungsausschuß das Recht zur Beweiserhebung nach den strafprozessualen Vorschriften.

a) Auslegung des Art. 44 Abs. 2 Satz 1 GG

Dabei ist Art. 44 Abs. 2 Satz 1 GG, der das Beweiserhebungsrecht des Untersuchungsausschusses durch eine lediglich generalklauselartige Verweisung auf das Strafprozeßrecht konkretisiert, — ebenso wie einst Art. 34 Abs. 3 WRV — Ursache für viele Unklarheiten, die für einen bedauerlich hohen Grad an Rechtsunsicherheit auf dem Gebiete des parlamentarischen Untersuchungsrechts verantwortlich sind. So sind Auslegung und Reichweite dieser Verweisung auf das Strafprozeßrecht äußerst umstritten[4].

aa) „Sinngemäße" Gesetzesanwendung

Mit gutem Grund ordnet Art. 44 Abs. 2 Satz 1 GG nur eine „sinngemäße" Anwendung der strafprozeßrechtlichen Vorschriften an. Wie oben B. I. dargestellt, unterscheiden sich Untersuchungsausschüsse und Gerichte in ihrer Besetzung und in der Zielsetzung ihrer Verfahren gravierend. Hinzu kommt der Statusunterschied zwischen Strafgerichten einerseits und Untersuchungsausschüssen als Teilen eines höchsten Verfassungsorgans andererseits. Dies alles verlangt eine Differenzierung zwischen strafgerichtlichen und parlamentarischen Beweiserhebungsbefugnissen, die durch eine Untersuchungsausschüssen wesensgemäße Auslegung und Anwendung der strafprozeßrechtlichen Normen verwirklicht wird. Maßstab für diese sinngemäße Anwendung sind die Rechtsnatur des Untersuchungsausschusses (vgl. oben B. I.), die verfassungsrechtliche Funktion des Untersuchungsrechts (vgl. oben B. II.) und dessen grundgesetzliche Grenzen (vgl. unten D. bis G.)[5]. Dies bedeutet, daß strafprozessuale Befugnisnormen vor Untersuchungsausschüssen insoweit Geltung haben, als das jeweils geregelte Beweiserhebungsrecht mit dem Wesen des Untersuchungsausschusses als Teilorgan des Bundestages zu vereinbaren ist, sich für die parlamentarische Untersuchung eignet und nicht im Widerspruch zu verfassungsrechtlichen Schranken des Enquêterechts steht. Beschränkende Vorschriften finden in dem Maße Anwendung, als sie Grenzen konkretisieren, welche dem Untersuchungsrecht von Verfassungs wegen gesetzt sind[6]. Im Einzelfall kann

---

[4] Vgl. Maunz, M-D-H-S, Rn. 49 zu Art. 44 GG; Schneider, Antragsschrift, S. 41 f.; Scholz, AÖR 105, S. 591 f.; Schröder, Antragsschrift, S. 13 ff.
[5] Scholz, AÖR 105, S. 591 f.; Schröder, Antragsschrift, S. 13 f.; BVerfG, DÖV 1984, S. 755.
[6] A. A.: Schneider, Antragsschrift, S. 42, der beschränkende Vorschriften

I. Das Recht zur Tatsachenermittlung

dies zur vollständigen Übernahme, zur Beschränkung bzw. Ausweitung des Regelungsgehalts oder zur Nichtanwendung eines Gesetzes führen.

bb) „Vorschriften über den Strafprozeß"

Während Art. 34 Abs. 3 WRV lediglich auf die Strafprozeßordnung verwies, spricht Art. 44 Abs. 2 Satz 1 GG von den „Vorschriften über den Strafprozeß". Damit ist klargestellt, daß nicht nur die Strafprozeßordnung, sondern auch jedes andere für den Strafprozeß verbindliche Gesetz, vor allem also das Gerichtsverfassungsgesetz, Anwendung findet[7].

cc) Anwendung auf „Beweiserhebungen"

Diese Vorschriften finden aber nur auf „Beweiserhebungen" der Untersuchungsausschüsse Anwendung. Die Auslegung dieses Begriffs ist streitig.

Die einen verweisen auf den systemfremden Charakter des Art. 44 Abs. 2 Satz 1 GG, der ein Organ der Legislative mit Rechten der Jurisdiktion ausstattet, und verlangen entsprechend dem allgemeinen Gebot der restriktiven Auslegung von Ausnahmevorschriften eine enge Deutung[8]. Die anderen plädieren für eine weite Auslegung des Begriffs[9]. Die Tatsache, daß die strafprozessualen Vorschriften über Ladung und Zustellung unstreitig auf das parlamentarische Untersuchungsverfahren Anwendung finden sollen, diese Regelungen aber sicherlich nicht unter die enge Auslegung des Begriffs „Beweiserhebungen" fielen, zeige, daß nur eine weitere Interpretation zu einer praktikablen Lösung führe.

Zum einen sind solche Auslegungsstreitigkeiten grundsätzlich nur dann bedeutsam, wenn sie einen besonders unklaren und daher in hohem Maße auslegungsbedürftigen Begriff betreffen. Ob der Terminus „Beweiserhebungen" in diese Kategorie fällt, ist zumindest zweifelhaft. Zum anderen ergibt eine teleologische Interpretation des Art. 44 Abs. 2 Satz 1 GG, daß eine allzu restriktive Auslegung dieser Ausnahmevorschrift der ratio legis widerspräche. Offensichtlicher Zweck der Regelung ist es, den Untersuchungsausschüssen — gerade unter Berücksichti-

---

der StPO von der Verweisung des Art. 44 Abs. 2 Satz 1 GG ausnimmt und — ebenso wie Seibert, NJW 1984, S. 1006 — jede kompetenzbegrenzende Funktion dieser Verweisung bestreitet; wieder a. A. ist Stern, AÖR 109, S. 238 f., 283 f., der die beschränkenden StPO-Vorschriften ungeschmälert auf Untersuchungsausschüsse angewendet wissen will. Beide Auffassungen lehnt das BVerfG, DÖV 1984, S. 756, ab.

[7] Vgl. Maunz, M-D-H-S, Rn. 49 zu Art. 44 GG; Rechenberg, Bonner Kommentar, Rn. 22 zu Art. 44 GG; Frost, AÖR 95, S. 68; Trossmann, Parlamentsrecht, S. 449; Groß, DVBl 1971, S. 641.

[8] Vgl. Pfander, NJW 1970, S. 315.

[9] Vgl. Maunz, M-D-H-S, Rn. 53 zu Art. 44 GG; BremStGH, DÖV 1970, S. 510; Groß, DVBl 1971, S. 641; Gollwitzer, Festschrift, S. 329 f.

22   C. Zuständigkeiten und Befugnisse des Untersuchungsausschusses

gung der wenig konkreten Normierung des Untersuchungsverfahrens durch Art. 44 GG — zumindest für die Phase der Tatsachenermittlung Verhaltensmaßstäbe an die Hand zu geben. Diese gesetzgeberische Intention würde eine allzu enge Interpretation des Beweiserhebungsbegriffs vereiteln. Unter Beweiserhebung im Sinne von Art. 44 Abs. 2 Satz 1 GG ist daher der gesamte Prozeß der Beweisverschaffung zu verstehen. Dieser beginnt — je nach Beweismittel — mit der Ladung des Zeugen bzw. Sachverständigen, dem Anfordern verfahrenserheblicher Akten bzw. der Terminierung der Augenscheinseinnahme und endet mit der Erlangung des verwertungsreifen Beweises.

dd) Reichweite der Verweisung

Aus diesen Feststellungen und aus der Tatsache, daß Art. 44 Abs. 2 Satz 1 GG nicht auf die Strafprozeßvorschriften über die Beweiserhebungen, sondern für den Bereich der Beweiserhebung auf die Normen des Strafprozesses verweist, ergibt sich für die Reichweite dieser Verweisung folgendes: Erfaßt werden nicht nur diejenigen Vorschriften, die sich speziell mit den einzelnen Beweiserhebungsrechten, deren Geltendmachung und Schranken befassen, sondern auch solche Normen, die das gesamte strafgerichtliche Verfahren bestimmen, sich also nicht ausschließlich, aber eben auch mit dem Beweiserhebungsverfahren auseinandersetzen. Art. 44 Abs. 2 Satz 1 GG verweist also auf die Vorschriften über Zeugen (§§ 48 ff. StPO), Sachverständige und Augenschein (§§ 72 ff. StPO), Beschlagnahme, Überwachung des Fernmeldeverkehrs und Durchsuchung (§§ 94 ff. StPO) sowie auf diejenigen Regelungen, die Teilbereiche der Beweiserhebung bei der Vorbereitung der öffentlichen Klage und der gerichtlichen Hauptverhandlung sowie deren Durchführung behandeln (vgl. z. B. die §§ 168 d, 214, 219 - 221, 223 - 225, 238 - 245, 247 - 253, 255 - 258 StPO). Darüber hinaus sind aber auch Normen Gegenstand der Verweisung, aus denen die Grundsätze der Öffentlichkeit, Mündlichkeit und Unmittelbarkeit, welche das ganze Strafverfahren einschließlich der Beweiserhebung prägen, abgeleitet werden (vgl. die §§ 169 ff. GVG, 249 ff., 226, 261 StPO). Schließlich werden auch die §§ 176 ff. GVG, die das Gericht zu Maßnahmen gegen Störungen der Verhandlung ermächtigen, von Art. 44 Abs. 2 Satz 1 GG erfaßt. Ob allerdings all diese Vorschriften und Grundsätze vor Untersuchungsausschüssen tatsächlich zur Anwendung kommen und gegebenenfalls in welchem Maße, hängt davon ab, inwieweit ihre Anwendung dem parlamentarischen Untersuchungsverfahren wesensgemäß ist. Dies ist für jeden Einzelfall anhand der oben a) aa) genannten Maßstäbe gesondert zu entscheiden.

I. Das Recht zur Tatsachenermittlung

b) Die einzelnen Beweiserhebungsrechte

Aus diesen Überlegungen ergeben sich folgende Beweiserhebungsbefugnisse der Untersuchungsausschüsse:

aa) Augenscheinsbeweis

Das Recht der Strafgerichte zur Augenscheinseinnahme ist zwar in der Strafprozeßordnung nicht ausdrücklich festgelegt, ergibt sich aber aus den §§ 86, 168 d, 225, 244, 249 StPO; deshalb ist davon auszugehen, daß die Verweisung des Art. 44 Abs. 2 Satz 1 GG auch dieses Beweismittel erfaßt. Da eine Augenscheinseinnahme im Einzelfall für ein parlamentarisches Untersuchungsverfahren dienlich sein kann und nicht im Widerspruch zu verfassungsrechtlichen Schranken des Untersuchungsrechts steht, ist die Einräumung dieser Befugnis auch „sinngemäß"[10].

bb) Zeugen- und Sachverständigenbeweis

Ebenfalls „sinngemäß" ist nach allgemeiner Meinung das Recht der Untersuchungsausschüsse, sich des Zeugen- und Sachverständigenbeweises zu bedienen (§§ 48 ff. StPO)[11]. Untersuchungsausschüsse dürfen also Zeugen und Sachverständige laden (§§ 48, 72 StPO) und diese vernehmen (§§ 58, 68, 69 StPO).

Gegen die Vereidigungsbefugnis von Untersuchungsausschüssen (§§ 59 ff. StPO) wurden Bedenken vor allem mit der Begründung erhoben, es fehle dem Untersuchungsausschuß an der für die Eidesabnahme erforderlichen Neutralität und Unbefangenheit gegenüber dem Untersuchungsgegenstand[12]. Die herrschende Meinung und Rechtsprechung gesteht Untersuchungsausschüssen das Vereidigungsrecht zu[13].

Wegen der Bekräftigungsfunktion des Eides ist die Zeugen- bzw. Sachverständigenbeweiserhebung nicht schon mit der Vernehmung, sondern — soweit diese nachfolgt — erst mit der Vereidigung beendet. Bis zur Vereidigung könnte sich ja ein Zeuge noch eines anderen besinnen und aus Furcht vor einer Bestrafung wegen Meineids seine Aussage abändern. Deshalb ist die Vereidigung noch Teil der „Beweiserhebung", und die §§ 59 ff. StPO werden von Art. 44 Abs. 2 Satz 1 GG erfaßt.

---

[10] Ebenso: Giese / Schunck, GG für die BRD, Anm. II 3 zu Art. 44 GG; Klein, Kommentar zum Grundgesetz, Rn. 8 zu Art. 44 GG; Lässig, DÖV 1976, S. 728; Model / Müller, GG für die BRD, Rn. 24 zu Art. 44 GG.

[11] Vgl. Rechenberg, Bonner Kommentar, Rn. 24 zu Art. 44 GG; Rinck, DVBl 1964, S. 706; Stern, Das Staatsrecht der BRD, S. 106; Eschenburg, Staat und Gesellschaft, S. 552.

[12] Vgl. Pietzner, Evangelisches Staatslexikon, Sp. 2674.

[13] Vgl. Maunz, M-D-H-S, Rn. 53 zu Art. 44 GG; BGHSt 17, S. 128 ff.; Rinck, DVBl 1964, S. 706; Giese / Schunck, GG für die BRD, Anm. II 3 zu Art. 44 GG.

Problematisch ist hingegen die Frage, ob die Einräumung des Vereidigungsrechtes im Sinne dieser Vorschrift „sinngemäß" ist. Zwar steht außer Frage, daß sich die Vereidigungsbefugnis förderlich auf das Untersuchungsverfahren auswirkte. Auch sind keine verfassungsrechtlichen Prinzipien ersichtlich, gegen welche die Einräumung dieser Befugnis verstoßen könnte. Doch erscheint es gerade unter Berücksichtigung der an Meineid geknüpften Strafdrohung des § 154 StGB nicht ganz unbedenklich, dieses Recht einem Gremium zuzusprechen, dessen Mitglieder keine richterliche Unabhängigkeit genießen, sondern fraktionellen und parteilichen Erwartungshaltungen ausgesetzt sein können (vgl. oben B. I.). Andererseits ist aber zu bedenken, daß das Vereidigungsrecht weder bei Strafgerichten noch bei Untersuchungsausschüssen schrankenlos ist (vgl. dazu unten D. III. 4. a) gg) und D. III. 4. b) dd)) und ein generelles Vereidigungsverbot für Untersuchungsausschüsse zu einer Aushöhlung des Zeugenbeweiserhebungsrechts führte, welche die Effektivität des Untersuchungsverfahrens als solches in Frage stellte. Denn erst die Möglichkeit einer Vereidigung und die für Meineid drohende Strafe wird einen Zeugen dazu bewegen können, seine Aussage nach sorgfältigster Überlegung und — trotz mancher drohender Unannehmlichkeiten — wahrheitsgemäß zu gestalten. Ohne die Vereidigungsbefugnis der Untersuchungsausschüsse verlören die Aussagen vor diesem Gremium erheblich an Glaubwürdigkeit und Verwertbarkeit. Aufgrund dieser Erwägungen wird man der herrschenden Meinung folgen und das Vereidigungsrecht als sinngemäß zugestehen müssen.

Dieselben Bedenken, die gegen eine Vereidigungsbefugnis von Untersuchungsausschüssen geltend gemacht werden, lassen auch Zweifel an der Anwendung der Zeugniszwangsrechte der §§ 51, 70, 77 StPO aufkommen. Doch auch hier wird man von der Notwendigkeit dieser Rechte für das parlamentarische Untersuchungsverfahren ausgehen müssen[14]. Ein Zeugenladungsrecht ist ohne Sanktionsmöglichkeit illusorisch. Zu beachten ist allerdings, daß die in den §§ 51, 70 StPO vorgesehene Anordnung der Ordnungshaft dem Richter vorbehalten ist[15]. Dies ergibt sich aus Art. 104 Abs. 2 GG, den der Untersuchungsausschuß als Teilorgan des Bundestages gem. Art. 20 Abs. 3 GG gegen sich gelten lassen muß (vgl. unten D. I.). Doch kann der Ausschuß jederzeit bei Gericht einen entsprechenden Antrag stellen[16]. Für die Zwangsvorführung, die

---

[14] Ebenso: Groß, DVBl 1971, S. 641; Giese / Schunck, GG für die BRD, Anm. II 3 zu Art. 44 GG; Eschenburg, Staat und Gesellschaft, S. 552; Gollwitzer, BayVBl 1982, S. 421; Rinck, DVBl 1964, S. 706.

[15] Ebenso: Gollwitzer, Festschrift, S. 340. A. A.: Eschenburg, Staat und Gesellschaft, S. 552.

[16] Ebenso: Gollwitzer, Festschrift, S. 340, und wohl auch Stern, Das Staatsrecht der BRD, S. 106.

keine Freiheitsentziehung ist, sondern nur eine „einfache" Freiheitsbeschränkung darstellt, gilt diese Einschränkung nicht[17].

Erörternswert ist schließlich die Frage, ob Untersuchungsausschußmitglieder als Zeugen vernommen werden können. Einer solchen Vernehmung könnte § 22 Nr. 5 StPO entgegenstehen; denn diese Vorschrift wird noch von der Verweisung des Art. 44 Abs. 2 Satz 1 GG erfaßt. Wird dort die Ausschließung des Richters auch nicht speziell für das Beweiserhebungsverfahren geregelt, so gelten seine Inkompatibilitätsvorschriften doch auch für das prozessuale Stadium der Beweiserhebung. Eine den Untersuchungsausschüssen wesensgemäße Regelung enthält § 22 StPO aber nicht. Denn ratio legis ist die Absicherung der richterlichen Unabhängigkeit, die bei Untersuchungsausschüssen von vorneherein nicht garantiert ist (vgl. oben B. I.). Gegen die Ladung eines Mitglieds zum Zeugen vor dem Ausschuß ist also nichts einzuwenden[18].

cc) Aktenvorlagerecht

Ebenso bedeutsam wie der Zeugenbeweis ist für ein parlamentarisches Untersuchungsverfahren die Befugnis, Akten, die den Untersuchungsgegenstand betreffen, von Privaten oder Behörden anzufordern und einzusehen. So ist unstreitig, daß die Anwendung der §§ 95, 94 Abs. 1 StPO auf Untersuchungsausschüsse sinngemäß ist[19]. Da aber auch dieses Recht ohne Sanktionsmöglichkeit eine nur stumpfe Waffe darstellt, steht den Untersuchungsausschüssen auch das Ordnungs- und Zwangsmittelrecht der §§ 95 Abs. 2, 70 StPO zu. Zu beachten ist allerdings, daß die Anordnung einer Ordnungshaft wegen Art. 104 Abs. 2 GG unzulässig ist (vgl. oben bb)).

dd) Beschlagnahme- und Durchsuchungsrechte

Gegenstand zahlreicher wissenschaftlicher Erörterungen ist die Frage, ob Untersuchungsausschüssen auch die Rechte zur Beschlagnahme (§§ 94 Abs. 2, 97 ff. StPO) und Durchsuchung (§§ 102 ff. StPO) zustehen[20]. Auch die Befugnis zur Überwachung des Fernmeldeverkehrs (§§ 100 a ff. StPO) gehört zu diesem Problemkomplex, scheidet aber abgesehen

---

[17] Ebenso: Gollwitzer, BayVBl 1982, S. 421.
[18] Ebenso: BGH NJW 1960, S. 1960; Rechenberg, Bonner Kommentar, Rn. 19 zu Art. 44 GG; Wagner, NJW 1960, S. 1937.
[19] Vgl. Maunz, M-D-H-S, Rn. 53 zu Art. 44 GG; Model / Müller, GG für die BRD, Anm. 4 zu Art. 44 GG; Klein, Kommentar zum Grundgesetz, Rn. 8 zu Art. 44 GG; BVerfG, DÖV 1984, S. 755.
[20] Vgl. Pfander, NJW 1970, S. 314 ff.; Lässig, DÖV 1976, S. 728 f.; Groß, DVBl 1971, S. 641; BremStGH, NJW 1970, S. 1309 ff.; BVerfG, NJW 1984, S. 1345; BVerfG, DÖV 1984, S. 759 f., mit der ablehnenden Anmerkung von Badura auf S. 763 f.

davon, daß eine Anwendung der §§ 100 a ff. StPO wohl kaum sinngemäß wäre, wegen Art. 44 Abs. 2 Satz 2 GG aus (dazu unten D. III. 3.).

Zum Teil wird bereits bestritten, daß die §§ 94 Abs. 2, 97 ff. bzw. 102 ff. StPO von der Verweisung des Art. 44 Abs. 2 Satz 1 GG erfaßt werden[21]. Bei der Beschlagnahme und Durchsuchung handle es sich nicht um Mittel der Beweiserhebung, sondern um Instrumente der Beweissicherung. Da Art. 44 Abs. 2 Satz 1 GG nur insoweit auf strafprozessuale Vorschriften verweise, als es um Beweiserhebungen gehe, Beweissicherung aber nicht unter den Begriff „Beweiserhebung" falle, scheide eine Anwendung der §§ 94 Abs. 2, 97 ff., 102 ff. StPO aus. Diese Argumentation vermag nicht zu überzeugen. Wie bereits oben dargelegt, spricht der Regelungszweck des Art. 44 Abs. 2 Satz 1 GG gegen solch eine enge Auslegung des Beweiserhebungsbegriffs (vgl. oben a) cc)). Vielmehr führt die teleologische Auslegung dieser Vorschrift zu einem weiteren Verständnis dieses Begriffs. „Beweiserhebung" ist der — je nach Lage des Einzelfalls — mehr oder minder lange Weg von der Geltendmachung eines Beweiserhebungsrechts bis zur Erlangung des Beweises. Dieser Weg führt gerade in den Fällen, in denen diejenige Person oder Behörde, in deren Gewahrsam sich eine gewünschte Akte befindet, deren Besitz leugnet oder deren Herausgabe verweigert, oft nur über Durchsuchung und Beschlagnahme zum Erfolg. Auch die Beweissicherung ist also Station auf dem Wege der Beweiserhebung. Deshalb irrt auch die teilweise vertretene Auffassung, aus der Tatsache, daß bei den verfassungsvorbereitenden Beratungen zu Art. 34 Abs. 3 WRV der Begriff „Erhebungen" durch den Begriff „Beweiserhebungen" ersetzt worden sei, gehe hervor, daß auch der Weimarer Verfassungsgeber nicht auf die §§ 94 Abs. 2, 97 ff., 102 ff. StPO verweisen wollte[22]. Abgesehen davon, daß diese Umformulierung wohl ohnehin nur klarstellenden Charakter hatte, wurde die Beweissicherung dadurch nicht aus der Verweisung ausgeklammert.

Meist wird jedoch gegen eine Anwendung der §§ 94 Abs. 2, 97 ff., 102 ff. StPO auf die Untersuchungsausschüsse eingewendet, daß die Einräumung der Beschlagnahme- und Durchsuchungsrechte nicht sinngemäß sei. Die einen betrachten diese Befugnisse als spezifisch strafprozessuale, rein kriminalistisch konstruierte Einrichtungen, die deshalb auf außerstrafgerichtliche Institutionen nicht übertragbar seien[23]. Die anderen verweisen auf die Schwere der durch die Geltendmachung dieser Rechte ausgelösten Drittbelastungen und sind der Auffassung, allein auf-

---

[21] Vgl. Rosenberg, 34. DJT, S. 19; Pfander, NJW 1970, S. 314.
[22] Vgl. Pfander, NJW 1970, S. 314.
[23] Vgl. Anschütz, WRV, Anm. 8 b zu Art. 34; Pfander, NJW 1970, S. 315; Rechenberg, Bonner Kommentar, Rn. 29 zu Art. 44 GG.

grund dieser Erwägung dürften die entsprechenden Vorschriften der Strafprozeßordnung nicht auf Untersuchungsausschüsse angewendet werden[24].

Dem ersten dieser beiden Argumente sind die Polizeigesetze der Länder (vgl. z. B. Art. 22, 24 BayPAG), § 7 Abs. 2 Satz 1, zweite Alt. UZwG-Bw, §§ 3 Abs. 1 Satz 2, 10 VereinsG und § 76 Abs. 3 AO entgegenzuhalten, die Durchsuchungen und Beschlagnahmen bzw. zwangsweise vollziehbare Sicherstellungen nicht aus repressiven, sondern präventiven Gründen für zulässig erklären. Diese Rechte sind also keineswegs rein strafprozessuale Instrumente[25]. Ernster muß hingegen das zweite Argument genommen werden. Bedenkt man, daß Durchsuchungen und Beschlagnahmen massive Eingriffe in die Rechte der Betroffenen darstellen, erscheinen Zweifel, ob die Einräumung solch weitreichender Befugnisse mit der Rechtsnatur des Untersuchungsausschusses vereinbar ist, durchaus begründet. Gerade hier fällt die oben B. I. angesprochene Tatsache, daß Untersuchungsausschuß-Mitglieder keine richterliche Unabhängigkeit genießen, sondern verschiedensten parteilichen oder fraktionellen Zwängen ausgesetzt sind, besonders ins Gewicht. Andererseits müssen aber auch folgende Überlegungen in die Beurteilung eingebracht werden: Zwar sind die Zielrichtungen eines strafgerichtlichen Verfahrens und einer parlamentarischen Untersuchung verschieden. Während ersteres vom staatlichen Strafverfolgungsinteresse bestimmt wird, prägt letztere das parlamentarische Aufklärungsinteresse. Doch nimmt das öffentliche Interesse an der Aufklärung von Mißständen in Verwaltung und Regierung zumindest den gleichen Rang ein wie das Strafverfolgungsinteresse. Wenn also die §§ 94 Abs. 2, 97 ff., 102 ff. StPO dem einzelnen aus strafprozessualen Gründen Beschlagnahmen und Durchsuchungen zumuten, so sind diese Eingriffe sicherlich auch zum Zwecke parlamentarischer Aufklärung zumutbar. Darüber hinaus haben sowohl Strafgerichte als auch Untersuchungsausschüsse Sachverhalte aufzuklären. Beide Institutionen werden im Rahmen der Beweiserhebung nicht immer auf bereitwilliges Entgegenkommen stoßen. Zwar stehen die Zwangsrechte der §§ 51, 70, 77, 95 Abs. 2 StPO zur Verfügung. Doch lassen sich auch dadurch Verzögerungen oder gar Vereitelungen der Beweiserhebung nicht vermeiden. Trotz der damit verbundenen massiven Drittbelastung ist daher für Untersuchungsausschüsse wie Strafgerichte die Einräumung der Beschlagnahme- und Durchsuchungsrechte unerläßlich. Ohne diese Befugnisse verfügten sie nicht über das zur Erfüllung ihrer Aufgaben erforderliche Durchsetzungsvermögen[26].

---

[24] Vgl. Pfander, NJW 1970, S. 315; Badura, DÖV 1984, S. 763 f.
[25] Ebenso: BremStGH, NJW 1970, S. 1309 f.; Lässig, DÖV 1976, S. 728.

Aufgrund dieser Erwägungen kann weder die uneingeschränkte Einräumung der Durchsuchungs- und Beschlagnahmebefugnisse noch deren vollständige Versagung im Sinne von Art. 44 Abs. 2 Satz 1 GG „sinngemäß" sein. Vielmehr muß eine Lösung gefunden werden, die sowohl den gegen eine Anwendung der betreffenden Vorschriften vorgebrachten Argumenten als auch den für eine solche Anwendung sprechenden Überlegungen gleichermaßen gerecht wird. Im Bereich des Durchsuchungsrechts gibt die Verfassung selbst einen Lösungshinweis: Gemäß Art. 13 Abs. 2 GG ist die Anordnung von Durchsuchungen im Sinne von Art. 97 GG unabhängigen Richtern vorbehalten. Über Art. 20 Abs. 3 GG ist auch ein Untersuchungsausschuß an diesen Vorbehalt gebunden (vgl. dazu unten D. I.), so daß ein unbeschränktes Durchsuchungsrecht zugunsten von Untersuchungsausschüssen schon aus verfassungsrechtlichen Gründen ausscheidet. Will man dem Untersuchungsausschuß das Durchsuchungsrecht nicht vollständig versagen — und dies wäre aus den obengenannten Gründen mit Art. 44 GG unvereinbar —, bleibt nur folgender Mittelweg: Die Anordnung der Durchsuchung ist Sache des Richters. Insoweit hat § 105 StPO wegen Art. 13 Abs. 2 GG auch im Untersuchungsverfahren Geltung. Doch sind die §§ 102, 103 StPO dergestalt auf das Enquêteverfahren anzuwenden, daß Durchsuchungen auch zugunsten der parlamentarischen Aufklärung vorgenommen werden dürfen. Liegen unter diesem erweiterten Blickwinkel die Voraussetzungen jener Vorschriften vor und erscheint die Anwendung dieses Zwangsmittels auch im Einzelfall verhältnismäßig[27], so kann der Untersuchungsausschuß die Durchsuchung beim zuständigen Gericht beantragen. Diese — durch Art. 13 Abs. 2 GG gebotene — Lösung berücksichtigt das parlamentarische Untersuchungsinteresse und den Grundrechtsschutz des Betroffenen gleichermaßen und stellt daher die sinngemäße Anwendung der Durchsuchungsvorschriften dar[28]. Auch im Bereich des Beschlagnahmerechts empfiehlt sich ein entsprechender Weg. Hier kommt dem Richtervorbehalt des §§ 98 StPO zwar kein Verfassungsrang zu. Doch bringt die Lösung über Richtervorbehalt und Antragsrecht des Untersuchungsausschusses die für und gegen eine Einräumung dieser Befugnisse sprechenden Argumente ebenso sinnvoll zum Ausgleich wie im Durchsuchungsrecht. Es erscheint diese Lösung auch hier im Sinne von Art. 44 Abs. 2 Satz 1 GG „sinngemäß"[29].

---

[26] Ebenso: BremStGH, NJW 1970, S. 1310; Lässig, DÖV 1976, S. 728.
[27] Vgl. hierzu die kritische Anmerkung Baduras in DÖV 1984, S. 763 f.
[28] Ebenso: BVerfG, DÖV 1984, S. 759 f.; BremStGH, NJW 1970, S. 1310 f.; Lässig, DÖV 1976, S. 728 f.; wohl auch Stern, Das Staatsrecht der BRD, S. 106. A. A.: Badura, DÖV 1984, S. 763 f.
[29] Ebenso: vgl. Anm. 27 zu Kap. C.

2. Das Amts- und Rechtshilferecht

Statt selbst Beweise zu erheben, kann sich der Untersuchungsausschuß auch der Amts- und Rechtshilfe von Verwaltungsbehörden und Gerichten bedienen. Dies besagt Art. 44 Abs. 3 GG. Diese Befugnis hat das Recht zum Inhalt, bestehende eigene Befugnisse durch andere Organe im Rahmen von deren Zuständigkeit wahrnehmen zu lassen[30]. Rechts- und Amtshilfe dienen also nicht zur Erweiterung der Kompetenzen der ersuchenden oder ersuchten Stelle, sondern sollen lediglich diejenigen Schwierigkeiten überbrücken, die durch die Zugehörigkeit von Behörden und Gerichten zu verschiedenen Hoheitsträgern bedingt sind.

3. Das Zitierrecht des Art. 43 Abs. 1 GG

Schließlich bietet Art. 43 Abs. 1 GG eine Ergänzung zu den Beweiserhebungsbefugnissen des Untersuchungsausschusses. Danach ist jedes Regierungsmitglied verpflichtet, auf Verlangen des Untersuchungsausschusses zu erscheinen und Rede und Antwort zu stehen[31].

II. Das Recht zur Bewertung der ermittelten Tatsachen

Mit der Sammlung von Tatsachenmaterial ist die Untersuchungstätigkeit aber nicht beendet. So ist heute allgemein das Recht der Untersuchungsausschüsse anerkannt, die gewonnenen Erkenntnisse auch zu bewerten. Hier kommt nicht nur eine außerrechtliche, sondern auch eine rechtliche Würdigung in Betracht[32]. Zu einer Kollision mit dem Gewaltenteilungsprinzip kommt es dadurch nicht, da die Bewertung allein politisch-informatorische Zwecke verfolgt und dem Untersuchungsergebnis jegliche Bindungswirkung gegenüber den anderen Gewalten fehlt (vgl. Art. 44 Abs. 4 Satz 2 GG).

III. Das Recht zur Beratung des Parlamentsplenums

Endlich ist der Untersuchungsausschuß berechtigt und verpflichtet, dem Parlament das Untersuchungsergebnis mitzuteilen und dem Plenum Ratschläge bezüglich des weiteren Vorgehens zu geben[33]. Dies geschieht regelmäßig mittels eines Abschlußberichts.

---

[30] Vgl. Maunz, M-D-H-S, Rn. 47 zu Art. 44 GG; Groß, DVBl 1971, S. 641; Trossmann, Festschrift, S. 23 f.

[31] Vgl. Maunz, M-D-H-S, Rn. 8 zu Art. 43 GG; Linck, DÖV 1983, S. 960.

[32] Vgl. Achterberg, Parlamentsrecht, S. 59; Becker, DÖV 1964, S. 507; Hamann / Lenz, Kommentar zum GG, Anm. B 2 zu Art. 44 GG; Schneider, Antragsschrift, S. 32.

[33] Vgl. Maunz, M-D-H-S, Rn. 40 zu Art. 44 GG; Pietzner, Evangelisches Staatslexikon, Sp. 2674.

IV. Die Verfahrenshoheit des Untersuchungsausschusses

Für die Verfahrensgestaltung des Untersuchungsausschusses ist zunächst das Rechtsstaatsprinzip des Art. 20 Abs. 3 GG und damit die einschlägige Regelung in der Verfassung bestimmend (vgl. dazu unten D. I.). Darüber hinaus sind — soweit vorhanden — das Gesetz über Untersuchungsausschüsse und die Geschäftsordnung des Parlaments zu beachten, durch deren Erlaß sich der Bundestag selbst gebunden hat und die daher auch für den Untersuchungsausschuß als Teilorgan der Volksvertretung von Bedeutung sind[34]. Da auf Bundesebene kein Gesetz über Untersuchungsausschüsse existiert (der Bundestag arbeitet zwar zur Zeit interfraktionell an einem solchen Gesetz; doch wird bis zu dessen Verabschiedung noch geraume Zeit vergehen[35]) und Grundgesetz und Geschäftsordnung des Bundestages nur wenige Aspekte der Verfahrensgestaltung behandeln, bleibt dem Untersuchungsausschuß ein großer Freiraum.

In solchen Freiräumen steht dem Bundestag gemäß Art. 40 Abs. 1 GG das Recht zur autonomen Selbstorganisation zu. Dies bedeutet, daß er im Rahmen der Gesetze Verfahrenshoheit genießt. Da der Untersuchungsausschuß Teilorgan des Parlaments ist, gilt dies für ihn in gleichem Maße. Der regelungsfreie Raum kann also durch Verfahrensbeschlüsse des Untersuchungsausschusses gefüllt werden, deren Inhalt im Ermessen des Ausschusses steht. Speziell für das Verfahrensstadium der Beweiserhebung unterstreicht dies die über Art. 44 Abs. 2 Satz 1 GG auch für das parlamentarische Untersuchungsverfahren geltende Offizialmaxime[36]. Als grundlegendes Prinzip des Strafprozesses prägt diese Maxime insbesondere das Beweiserhebungsverfahren (vgl. z. B. § 221 StPO) und wird somit von der Verweisung des Art. 44 Abs. 2 Satz 1 GG erfaßt.

In Bonn bemüht man sich, die Gestaltung der einzelnen Untersuchungsverfahren bis zum Erlaß des geplanten Untersuchungsausschuß-Gesetzes einheitlich auszurichten. Zu diesem Zwecke zieht man den von der interparlamentarischen Arbeitsgemeinschaft konzipierten, aber vom Bundestag nicht verabschiedeten Entwurf eines Gesetzes über Einsetzung und Verfahren von Untersuchungsausschüssen vom 14. 5. 1969 (BT-Drs. V/4209) heran und verfährt nach dessen Regelungen[37].

---

[34] Vgl. zur Frage der Bindung des Untersuchungsausschusses an einfache Gesetze Trossmann, Festschrift, S. 26 f.

[35] Auskunft der Wissenschaftlichen Abteilung des Deutschen Bundestages vom 22. 4. 82.

[36] Vgl. Maunz, M-D-H-S, Rn. 50 zu Art. 44 GG; Rechenberg, Bonner Kommentar, Rn. 23 zu Art. 44 GG.

[37] Auskunft des Sekretariats des 1. Untersuchungsausschusses des 10. Deutschen Bundestages vom 16. 1. 84.

D. Das Rechtsstaatsprinzip als Schranke des parlamentarischen Untersuchungsrechts

I. Verfassungsrechtliche Grundlage für diese Beschränkung

Im Rahmen der Erörterung der Korollartheorie (vgl. oben B. III.) wurde bereits dargelegt, daß das Parlament bzw. der Untersuchungsausschuß als dessen Teilorgan bei der Wahrnehmung des Untersuchungsrechts denjenigen Beschränkungen unterworfen ist, welche die parlamentarischen Kompetenzen auch im übrigen begrenzen. Zu diesen Beschränkungen zählt gemäß Art. 20 Abs. 3, 79 Abs. 3 GG auch das Rechtsstaatsprinzip.

II. Rechtsstaatliche Anforderungen an den Untersuchungsgegenstand

1. Kompetenz des Bundestages zur Entscheidung über die Rechtsstaatlichkeit eines Untersuchungsgegenstands

Zunächst müssen der Untersuchungsgegenstand und die Untersuchung als solche rechtsstaatlich sein. Darüber hat der Bundestag zu wachen. Gemäß Art. 44 Abs. 1 Satz 1 GG ist es das Parlament, das einem Untersuchungsantrag stattgibt und den Untersuchungsausschuß einsetzt. Folglich kann auch nur dem Parlament die Prüfung und Entscheidung darüber obliegen, ob ein Untersuchungsgegenstand den rechtsstaatlichen Anforderungen entspricht[1]. Da der Bundestag einem Einsetzungsantrag von einem Viertel seiner Mitglieder nur dann Folge leisten muß bzw. darf, wenn die Untersuchung mit dem Rechtsstaatsprinzip vereinbar ist, darüber aber gemäß Art. 42 Abs. 2 Satz 1 GG die Parlamentsmehrheit entscheidet, wird in diesem Zusammenhang das Problem des Minderheitenschutzes aktuell. Darauf wird unten H. I. im Rahmen der Erörterung des Minoritätsrechts eingegangen werden.

2. Erforderlichkeit des öffentlichen Interesses an einer Untersuchung

Eine parlamentarische Untersuchung bringt — insbesondere im Rahmen der Beweiserhebung — regelmäßig Eingriffe in Rechte Dritter mit sich. Das Rechtsstaatsprinzip läßt solche staatlichen Eingriffe in Rechte

---

[1] Vgl. Maunz, M-D-H-S, Rn. 38 zu Art. 44 GG; Rechenberg, Bonner Kommentar, Rn. 6 zu Art. 44 GG.

des Bürgers nur aus dessen privaten Interessen übergeordneten Gesichtspunkten zu. Nach ganz herrschender Meinung ist daher das öffentliche Interesse an einer Untersuchung deren erste Zulässigkeitsvoraussetzung[2]. Ein neben dem öffentlichen Interesse bestehendes privates Interesse an einem Verfahren ist allerdings unschädlich[3]. Zu beachten ist, daß ein rein faktisches öffentliches Interesse nicht ausreichen kann. Das Erfordernis des öffentlichen Interesses ist vielmehr so zu verstehen, daß der zu behandelnde Gegenstand nach objektiven Kriterien für Staat und Gesellschaft von Bedeutung sein muß[4].

3. Einhaltung des Verhältnismäßigkeitsprinzips

Darüber hinaus hat der Bundestag darauf zu achten, daß die beantragte Untersuchung dem — ebenfalls aus dem Rechtsstaatsprinzip des Art. 20 Abs. 3 GG abgeleiteten — Verhältnismäßigkeitsgrundsatz entspricht[5]; d. h.:

a) Die geplante Enquête muß zur Erreichung des angestrebten Zieles geeignet sein. Hier scheiden diejenigen Verfahren aus, die mangels jeglicher Erfolgsaussicht von vornherein zum Scheitern verurteilt sind.

b) Das Verfahren muß die einzige erfolgversprechende Möglichkeit zur Erreichung des erstrebten Zwecks darstellen. Insbesondere darf kein milderes Mittel mit den gleichen Erfolgsaussichten zur Verfügung stehen (z. B. Anfragen).

c) Die Untersuchung muß im engeren Sinn verhältnismäßig sein, d. h., die Belastung eines einzelnen durch das Verfahren darf nicht außerhalb jedes Verhältnisses zum erwarteten Erfolg stehen.

4. Problematik der Zurückverweisung einer Untersuchung an den Untersuchungsausschuß bzw. der erneuten Einsetzung eines Untersuchungsausschusses zum selben Thema

Diese soeben dargelegten rechtsstaatlichen Anforderungen an den Untersuchungsgegenstand sind insbesondere für die Frage bedeutsam, wann der Bundestag einen Untersuchungsgegenstand zur Fortsetzung der als unzureichend empfundenen Untersuchung an den Untersuchungsausschuß zurückverweisen kann bzw. inwieweit das Parlament zur Erforschung eines Untersuchungsgegenstands, mit dem sich bereits

---

[2] Vgl. HessStGH, DÖV 1972, S. 568 f.; BayVerfGHE 30, S. 60 ff.; Maunz, M-D-H-S, Rn. 19 zu Art. 44 GG; Kölble, DVBl 1964, S. 705; kritisch: Mengel, EuGRZ 1984, S. 99 f.
[3] Ebenso: Scholz, AÖR 105, S. 594 f.; Trossmann, Parlamentsrecht, S. 438.
[4] A. A.: Böckenförde, AÖR 103, S. 15.
[5] Ebenso: Kölble, DVBl 1964, S. 705.

ein Untersuchungsausschuß befaßt hat, einen zweiten Untersuchungsausschuß einsetzen darf. Wurde ein Gegenstand von einem Untersuchungsausschuß bereits in erschöpfendem Maße untersucht, fehlt es an den Zulässigkeitsvoraussetzungen des öffentlichen Interesses und der Erforderlichkeit der Enquête. Dagegen wird man immer dann von einem Recht zur Einsetzung eines weiteren Untersuchungsausschusses bzw. zur Zurückverweisung an den „alten" Untersuchungsausschuß ausgehen können, wenn der Untersuchungsgegenstand nur unzureichend erforscht wurde.

III. Rechtsstaatliche Anforderungen an das Untersuchungsverfahren

1. Bindung des Untersuchungsausschusses an die Grundrechte und das Verhältnismäßigkeitsprinzip

Nicht nur das Parlament, sondern auch der Untersuchungsausschuß als dessen Teilorgan ist nach der herrschenden Korollartheorie an das Rechtsstaatsprinzip des Art. 20 Abs. 3 GG gebunden. Daraus ergibt sich die Pflicht des Ausschusses zur Achtung des Grundgesetzes, insbesondere der Grundrechte und des Verhältnismäßigkeitsprinzips. Zum einen bedeutet dies, daß Untersuchungsmaßnahmen nicht in den grundrechtlich absolut geschützten Rechtskreis eines Bürgers eingreifen dürfen. Zum anderen ist der Untersuchungsausschuß im Rahmen der Ausschöpfung immanenter oder ausdrücklicher Grundrechtsbeschränkungen aufgrund des im Verhältnismäßigkeitsgrundsatz enthaltenen Gebots des Interventionsminimums verpflichtet, die jeweilige grundrechtsrelevante Maßnahme so zu gestalten, daß die damit verbundene Belastung des Betroffenen möglichst gering ist. Ein Verstoß hiergegen verletzte nicht nur den Verhältnismäßigkeitsgrundsatz, sondern auch das betroffene Grundrecht[6]. Hinsichtlich solcher grundrechtskonformer und verhältnismäßiger Verfahrensgestaltungen ist vor allem an die Möglichkeit des Öffentlichkeitsausschlusses nach Art. 44 Abs. 1 Satz 2 GG zu denken.

Gemäß § 69 Abs. 1 Satz 1 GeschOBT sind Ausschußsitzungen — also auch solche eines Untersuchungsausschusses — grundsätzlich nicht öffentlich. Speziell für diejenigen Sitzungen, die der Beweiserhebung dienen, gilt gemäß Art. 44 Abs. 1 Satz 1 GG der gegenteilige Grundsatz: Sie sind prinzipiell öffentlich. Allerdings kann der Untersuchungsausschuß nach Art. 44 Abs. 1 Satz 2 GG die Öffentlichkeit auch von diesen Sitzungen ausschließen. Zum Teil wird darauf hingewiesen, daß der Regelung des Öffentlichkeitsausschlusses durch Art. 44 Abs. 1 Satz 2 GG wegen der Verweisung des Art. 44 Abs. 2 Satz 1 GG auf die §§ 171 a, 172 GVG keine

---
[6] So die Rechtsprechung des BVerfG; vgl. z. B. BVerfGE 27, 344 ff. (352).

große Bedeutung zukomme[7]. Tatsächlich erwähnt § 172 GVG genau diejenigen Fälle, in denen Grundrechtsbindung und Verhältnismäßigkeitsgrundsatz den Untersuchungsausschuß zum Ausschluß der Öffentlichkeit verpflichten. Andererseits ist zu bedenken, daß z. B. Gewaltenteilungsprinzip und Verfassungsorgantreuepflicht (dazu unten E.), also auch nicht in § 172 GVG aufgeführte Gründe, den Ausschluß der Öffentlichkeit erforderlich machen können. Daher kommt Art. 44 Abs. 1 Satz 2 GG zumindest insoweit ein selbständiger Aussagegehalt zu, als aufgrund dieser Regelung jede pflichtgemäße Ermessensausübung des Untersuchungsausschusses, die unter Ausschluß sachfremder Erwägungen politisches Öffentlichkeitsinteresse und Geheimhaltungsinteressen des Betroffenen bzw. etwaiger staatlicher Stellen gegeneinander abwägt, zum Ausschluß der Öffentlichkeit befugt[8].

Oft reicht aber der Öffentlichkeitsausschluß zum Schutz des Betroffenen nicht aus, und Grundrechte und Verhältnismäßigkeitsprinzip erzwingen weitergehende Schritte. Dann ist ein Beschluß des Bundestages nach § 69 Abs. 2 Satz 2 und 3 GeschOBT zu erwägen, der auch den — sonst vom Öffentlichkeitsausschluß ausgenommen (vgl. § 69 Abs. 2 Satz 1 GeschOBT) — nicht zum Untersuchungsausschuß gehörigen Abgeordneten den Zutritt zu dessen Sitzungen versagt. Darüber hinaus kommen ein Verzicht auf die Veröffentlichung des Schlußberichts und der Gebrauch der Geheimschutzordnung des Bundestages (§ 69 Abs. 7, 17 GeschOBT) in Betracht.

Grundrechtsbindung und Verhältnismäßigkeitsprinzip sind für das Untersuchungsverfahren in drei Problembereichen von besonderer Bedeutung. Diese werden unten 2. bis 4. erörtert.

2. Art. 2 Abs. 1, 14 GG und das Steuergeheimnis des § 30 AO

Ein Problemkreis, der durch den sog. Flick-Untersuchungsausschuß der 10. Legislaturperiode in jüngster Zeit besondere Aktualität erlangt hat, betrifft das Verhältnis zwischen parlamentarischem Untersuchungsinteresse und Steuergeheimnis (§ 30 AO)[9]. Hier stellt sich die Frage, ob die Finanzbehörden dem Verlangen eines Untersuchungsausschusses nach Herausgabe von Steuerakten bzw. der Aussage eines Steuerbeamten mit dem Hinweis auf § 30 AO entgegentreten können.

---

[7] Vgl. Scholz, AöR 105, S. 589.
[8] Ebenso: Frost, AöR 95, S. 70.
[9] Vgl. zu diesem Problemkreis: Schneider, Antragsschrift; Wesel, Antragsschrift; Stern, AöR 109, S. 199 ff.; BVerfG, DÖV 1984, S. 754 ff., mit Anmerkung v. Badura auf S. 760 ff.; Scholz, AöR 105, S. 564 ff.; Seibert, NJW 1984, S. 1001 ff.; Mengel, EuGRZ 1984, S. 100 ff.; Linck, DÖV 1983, S. 963 f.; Weustermann, Steuergeheimnis, S. 1 ff.

III. Rechtsstaatliche Anforderungen an das Untersuchungsverfahren

Für die Antwort ist entscheidend, daß die ganz herrschende Meinung dem Steuergeheimnis als solchem keinen Verfassungsrang beimißt[10]. Bei § 30 AO handelt es sich also um eine nur einfach-gesetzliche Regelung. Dies bedeutet zum einen, daß § 30 AO nicht unmittelbar auf parlamentarische Untersuchungsausschüsse anwendbar ist. Vielmehr kommt eine Geltung dieser abgabenordnungsrechtlichen Regelung im Untersuchungsverfahren nur über die Verweisung des Art. 44 Abs. 2 Satz 1 GG in Betracht. Da § 30 AO auch im Strafprozeß zu beachten ist, stellt diese Norm eine Vorschrift über den Strafprozeß im Sinne von Art. 44 Abs. 2 Satz 1 GG dar[11]. Aber auch im Rahmen einer gemäß dieser Verweisung sinngemäßen Anwendung wirkt sich die nur einfach-gesetzliche Natur des § 30 AO aus. Dem parlamentarischen Untersuchungsverfahren sinngemäß ist die Anwendung einer beschränkenden Vorschrift „über den Strafprozeß" nur insoweit, als sie Schranken konkretisiert, welche dem Enquêterecht vom Grundgesetz selbst gesetzt sind (vgl. oben C. I. 1. a) aa)). Daher kann die einfach-gesetzliche Vorschrift des § 30 AO als solche den Untersuchungsausschuß nicht beschränken — auch nicht in Verbindung mit Art. 44 Abs. 2 Satz 1 GG[12].

Wohl kann aber die Wahrung des Steuergeheimnisses im Einzelfall eine Konkretisierung von grundgesetzlichen Schranken und damit ein Gebot der Verfassung sein[13]. Hier ist an zwei — auch für Untersuchungsausschüsse relevante — Bereiche des Verfassungsrechts zu denken: das Staatssicherheitsinteresse und die Grundrechte.

Die Gefährdung des Staatssicherheitsinteresses (dazu unten F.) durch die Erteilung von Steuerauskünften an den Untersuchungsausschuß ist praktisch kaum denkbar[14]. Näher liegt dagegen die Möglichkeit von Grundrechtsverletzungen. Zwar hat der Bürger die vom Untersuchungsausschuß begehrten steuerlich relevanten Angaben aus seinem Privat- bzw. Geschäftsbereich regelmäßig freiwillig an das Finanzamt abgegeben, um auf diese Weise staatliche Leistungen in Form einer Steuerbefreiung zu erhalten[15]. Dies geschah jedoch im Vertrauen darauf, daß

---

[10] Vgl. BVerfG, DÖV 1984, S. 758; Scholz, AÖR 105, S. 576; Schneider, Antragsschrift, S. 57; Seibert, NJW 1984, S. 1008; Linck, DÖV 1983, S. 963; Stern, AÖR 109, S. 254, 284.

[11] Das BVerfG, DÖV 1984, S. 754 ff. (756), läßt diese Frage ausdrücklich offen. A. A. sind Schneider (vgl. Antragsschrift, S. 46) und Stern (vgl. AÖR 109, S. 270).

[12] Ebenso: BVerfG, DÖV 1984, S. 758. A. A.: Stern, AÖR 109, S. 283 f.; Trossmann, Festschrift, S. 36.

[13] Vgl. BVerfG, DÖV 1984, S. 756, 758; Scholz, AÖR 105, S. 576 ff.; Schneider, Antragsschrift, S. 58; Linck, DÖV 1983, S. 963; Weustermann, Steuergeheimnis, S. 59 ff.; Mengel, EuGRZ 1984, S. 100 f., übersieht dies.

[14] Vgl. Scholz, AÖR 105, S. 616 f.

[15] Hieraus leitet Seibert, NJW 1984, S. 1007 f., eine Beeinträchtigung des

ausschließlich die mit der Bearbeitung betrauten Finanzbeamten diese Informationen erlangten. Eine Einwilligung in die Weitergabe der Daten an andere staatliche Stellen zu anderen Zwecken kann daraus nicht abgeleitet werden. So kann die Erteilung von Steuerauskünften einen Eingriff in die von Art. 2 Abs. 1 GG geschützte Privatsphäre bedeuten oder — wenn es sich um Geschäfts- oder Betriebsgeheimnisse handelt — Art. 14 GG verletzen[16].

Sowohl die informierende Exekutive als auch der Untersuchungsausschuß als Auskunftsempfänger verstießen dann gegen Art. 2 Abs. 1 GG, wenn die Offenbarung des Steuergeheimnisses an den Ausschuß in jenen Bereich privater Lebensgestaltung eingriffe, der — nach der Rechtsprechung des Bundesverfassungsgerichts[17] — im Lichte der Art. 1 Abs. 1, 19 Abs. 2 GG den Kern des Schutzbereichs des Art. 2 Abs. 1 GG ausmacht und damit jeder Einwirkung durch die öffentliche Gewalt entzogen ist. Gäbe eine Informationserteilung solche Geheimnisse aus der intimsten Privatsphäre preis, verletzte also Art. 2 Abs. 1 GG, so ist die Exekutive zur Auskunftsverweigerung nicht nur berechtigt, sondern sogar verpflichtet. Entstammt das Steuergeheimnis dagegen der weiteren Privatsphäre oder gar Sozialsphäre des Betroffenen, so genießt dieser nicht mehr den absoluten Schutz des Art. 2 Abs. 1 GG. Nach der Rechtsprechung des Bundesverfassungsgerichts muß der Steuerpflichtige als gemeinschaftsbezogener und gemeinschaftsgebundener Bürger die im überwiegenden Interesse der Allgemeinheit liegende Informierung des Untersuchungsausschusses hinnehmen, wenn diese unter strikter Wahrung des Verhältnismäßigkeitsgebotes geschieht[18]. Dies bedeutet zum ersten, daß eine Auskunftserteilung nur dann erfolgen darf, wenn sie zur parlamentarischen Aufklärung erforderlich ist und nicht in einem völligen Mißverhältnis zur damit verbundenen Belastung des Steuerpflichtigen steht. Hierbei ist zu berücksichtigen, daß eine Erweiterung des Geheimnisträgerkreises auf ihrerseits nach § 203 Abs. 2 Nr. 4 StGB schweigepflichtige Untersuchungsausschuß-Mitglieder bzw. gemäß den einschlägigen beamtenrechtlichen Bestimmungen zur Verschwiegenheit verpflichtete Beamte (Art. 43 Abs. 2 Satz 1 GG; vgl. dazu unten E. IV. 1. und G. III. 3.) erfolgt. Zum zweiten zwingt das Verhältnismäßigkeitsprinzip den Ausschuß dazu, durch Ausschöpfung der oben 1. dargelegten Geheimhaltungsmöglichkeiten dafür Sorge zu tragen, daß kein Dritter vom Inhalt der Auskünfte erfährt[19].

---

grundrechtlichen Schutzes ab. Das BVerfG verwirft diese Auffassung; vgl. BVerfG DÖV 1984, S. 759.

[16] Vgl. Urteil des BVerfG, DÖV 1984, S. 758 f. und Scholz, AÖR 105, S. 576 ff.
[17] Vgl. BVerfGE 27, 344 ff. (351); Scholz, AÖR 100, S. 265 ff.
[18] Vgl. BVerfGE 27, 344 ff. (351); Scholz, AÖR 100, S. 265 ff.
[19] Vgl. hierzu Trossmann, Festschrift, S. 31 ff.

III. Rechtsstaatliche Anforderungen an das Untersuchungsverfahren 37

Betrifft das Steuergeheimnis ein Geschäfts- oder Betriebsgeheimnis des Steuerpflichtigen, so hat sich die Beurteilung der Zulässigkeit einer Auskunftserteilung an den Untersuchungsausschuß nach den von der Rechtsprechung entwickelten Abgrenzungskriterien zwischen Sozialbindung des Eigentums und — nur unter bestimmten Voraussetzungen zulässigem — Eingriff in das Eigentumsrecht zu richten[20]. Hierbei wird es darauf ankommen, ob das betreffende Geheimnis so gewichtig ist, daß von seiner Wahrung die Existenz eines Betriebes abhängt. Denn nur in einem solchen Fall würde unter Berücksichtigung des öffentlichen Interesses an der parlamentarischen Aufklärung, der Schweigepflicht der Untersuchungsausschuß-Mitglieder und der Geheimhaltungsmöglichkeiten des Ausschusses in einer Informierung des Untersuchungsausschusses ein Sonderopfer bzw. eine so schwere Belastung liegen, daß von einer Überschreitung der Grenze von der Sozialbindung des Eigentums zu einem Eingriff mit enteignender Wirkung gesprochen werden könnte. Die Offenbarung eines Steuergeheimnisses, die enteignend wirkt, ist mangels gesetzlicher Entschädigungsregelung nach Art. 14 Abs. 3 Satz 1 GG stets verfassungswidrig. Hält sie sich hingegen im Rahmen der Sozialbindung des Eigentums, ist sie insoweit zulässig, als das Verhältnismäßigkeitsprinzip beachtet wird. Was dies im einzelnen bedeutet, wurde bereits im Zusammenhang mit Art. 2 Abs. 1 GG erörtert.

So stößt der Untersuchungsausschuß zwar nicht bei § 30 AO an seine Grenzen. Soweit sich jedoch im Einzelfall die grundrechtlichen Schranken mit dem Inhalt dieser Regelung decken, hat das Steuergeheimnis auch vor dem parlamentarischen Untersuchungsausschuß Bestand[21].

Dennoch hat § 30 AO auch für das Untersuchungsverfahren Bedeutung. Abs. 4 Nr. 5 c dieser Vorschrift regelt das Verfahren für die Freigabe steuerlicher Informationen und legt einen Genehmigungsvorbehalt zugunsten der „zuständigen obersten Finanzbehörde im Einvernehmen mit dem Bundesminister für Finanzen" fest. Diese Verfahrensregelung soll sowohl den Steuerpflichtigen vor einer unsachgemäßen Entscheidung des über die begehrte Information verfügenden Beamten schützen, als auch diesem Beamten die doch sehr schwierige und in Anbetracht der an eine Verletzung des Steuergeheimnisses geknüpften Strafdrohung folgenschwere Entscheidung über das Auskunftsverlangen abnehmen[22]. Der letztgenannte Gesichtspunkt leitet sich aus der Fürsorgepflicht des Dienstherrn gegenüber seinen Beamten ab. Da aber der Fürsorgepflicht als einer der hergebrachten Grundsätze des Berufsbe-

---
[20] Vgl. BGHZ 6, 270; 13, S. 316; BVerwG, NJW 1976, S. 765.
[21] Ebenso: BVerfG, DÖV 1984, S. 758 f. A. A.: Seibert, NJW 1984, S. 1009.
[22] Vgl. Scholz, AÖR 105, S. 615.

amtentums gemäß Art. 33 Abs. 5 GG Verfassungsrang zukommt, muß auch ein parlamentarischer Untersuchungsausschuß den Verfahrensvorbehalt des § 30 Abs. 4 Nr. 5 c AO gegen sich gelten lassen[23].

Allerdings ist der für die Genehmigung zuständigen Stelle bezüglich des Auskunftsverlangens eines Untersuchungsausschusses kein Ermessen eingeräumt. Da — wie oben dargestellt — der materiell-rechtliche Inhalt des § 30 AO gegenüber Untersuchungsausschüssen prinzipiell keinen Bestand hat, ist von einer grundsätzlichen Genehmigungspflicht auszugehen. Diese Genehmigungspflicht besteht nur dann nicht, wenn die Auskunftserteilung grundrechtswidrig wäre. Da nicht nur der Untersuchungsausschuß, sondern auch die Exekutive nach Art. 20 Abs. 3, 1 Abs. 3 GG an die Grundrechte gebunden ist, machte sich neben dem Untersuchungsausschuß auch die vollziehende Gewalt eines Verfassungsverstoßes schuldig, wenn aufgrund ihrer Genehmigung eine mit den Art. 2 Abs. 1, 14 GG unvereinbare Informierung des Ausschusses erfolgte[24].

Diese Möglichkeit einer berechtigten Genehmigungsverweigerung führt aber nicht dazu, daß die Exekutive jedes mißliebige Auskunftsbegehren des Untersuchungsausschusses mit dem pauschalen Hinweis auf Grundrechtsverletzungen ablehnen könnte. Vielmehr verpflichtet das verfassungsrechtlich legitimierte Untersuchungsrecht und das Verfassungsorgantreuegebot die Behörden zu einer möglichst detaillierten Begründung ihrer ablehnenden Haltung[25]. Im Falle einer unbegründeten oder nur mangelhaft dargelegten Auskunftsverweigerung kann der Untersuchungsausschuß von seinen Zwangsrechten Gebrauch machen bzw. nach Art. 93 Abs. 1 Nr. 1 GG, §§ 13 Nr. 5, 63 ff. BVerfGG das Bundesverfassungsgericht anrufen[26]. Dem betroffenen Steuerpflichtigen steht gegen grundrechtswidrige Auskunftserteilungen an den Untersuchungsausschuß nach Art. 93 Abs. 1 Nr. 4 a GG, §§ 13 Nr. 8 a, 90 ff. BVerfGG die Verfassungsbeschwerde zu Gebote.

3. Art. 10 GG in Verbindung mit Art. 44 Abs. 2 Satz 2 GG

Ein weiteres grundrechtliches Problem wird durch Art. 44 Abs. 2 Satz 2 GG aufgeworfen. Hier werden die Schutzgüter des Art. 10 GG ausdrücklich erwähnt. Die Bedeutung dieses gesonderten Hinweises ist

---

[23] So im Ergebnis auch: Scholz, AÖR 105, S. 615 und Groß, DVBl 1971, S. 641.

[24] So im Ergebnis auch das BVerfG; vgl. BVerfG, DÖV 1984, S. 759; Seibert, NJW 1984, S. 1008, und Schneider, Antragsschrift, S. 29, 66, verkennen dies.

[25] Ebenso: BVerfG, DÖV 1984, S. 757, 759.

[26] Vgl. hierzu Jekewitz, DÖV 1984, S. 187 ff.

III. Rechtsstaatliche Anforderungen an das Untersuchungsverfahren 39

streitig: Die einen sehen in Art. 44 Abs. 2 Satz 2 GG lediglich eine Klarstellung der grundrechtlichen Gewährleistung der im Untersuchungsverfahren besonders gefährdeten Geheimnisschutzrechte, wobei die Schranke des Art. 10 Abs. 2 GG unberührt bleibe[27]. Andere vertreten die Auffassung, Art. 44 Abs. 2 Satz 2 GG wolle das Brief-, Post- und Fernmeldegeheimnis von jeglicher Beschränkung — d. h., auch von der Schranke des Art. 10 Abs. 2 GG — freihalten und so gegenüber den anderen Grundrechten privilegieren[28].

Eine nur klarstellende Funktion des Art. 44 Abs. 2 Satz 2 GG setzte eine im Vergleich zu den anderen Grundrechten besonders bedrohliche Gefährdung der in Art. 10 Abs. 1 GG genannten Rechtsgüter voraus. Dafür bestehen aber keinerlei Anhaltspunkte. Vielmehr sind die Art. 2 Abs. 1 und 14 GG für den parlamentarischen Untersuchungsausschuß von ähnlicher praktischer Bedeutung wie Art. 10 Abs. 1 GG (vgl. oben 2.). Zudem nennt Art. 44 Abs. 2 Satz 2 GG nicht Art. 10 GG schlechthin, sondern lediglich dessen Absatz 1, wodurch die Einschränkungen des Absatz 2 unerwähnt bleiben. Diese Erwägungen sprechen zugunsten der Gegenmeinung: Art. 44 Abs. 2 Satz 2 GG hat insoweit konstitutiven Charakter, als das Brief-, Post- und Fernmeldegeheimnis vor dem Untersuchungsausschuß von jeglicher Beschränkungsmöglichkeit befreit wird. Untersuchungsausschüsse haben also nicht die Befugnisse aus den §§ 99 bis 101 StPO.

**4. Art. 1 Abs. 1, 2 Abs. 1 GG
und die Anwendbarkeit der Zeugen- und Beschuldigtenschutzvorschriften der Strafprozeßordnung**

Auch im Zusammenhang mit der Frage der Anwendbarkeit von Zeugen- und Beschuldigtenschutzvorschriften der Strafprozeßordnung sind die Grundrechte von maßgeblicher Bedeutung. Denn „sinngemäße" Anwendung der Vorschriften über den Strafprozeß im Sinne von Art. 44 Abs. 2 Satz 1 GG bedeutet die Übernahme nur derjenigen Schutzvorschriften in das Untersuchungsverfahren, zu deren Beachtung der Untersuchungsausschuß aus verfassungsrechtlichen, insbesondere grundrechtlichen Gründen gezwungen ist (vgl. oben C. I. 1. a) aa)).

a) Zeugenschutzvorschriften

Die Zeugenschutzvorschriften der Strafprozeßordnung sind die Reaktion des Gesetzgebers auf die exponierte Stellung des Zeugen im Straf-

---
[27] Vgl. Scholz, AÖR 105, S. 607.
[28] Vgl. Gollwitzer, Festschrift, S. 330; Maunz, M-D-H-S, Rn. 55 zu Art. 44 GG; Pfander, NJW 1970, S. 315; Versteyl, GG-Kommentar, Rn. 22 zu Art. 44 GG.

verfahren. Stehen Zeugen auch nicht im Mittelpunkt des Prozesses, so können sie doch in Konflikte geraten und Belastungen ausgesetzt sein, die mit der Grundrechtsgewährleistung nicht mehr zu vereinbaren sind.

Da der Zeugenbeweis auch im parlamentarischen Untersuchungsverfahren eine große Rolle spielt und der Zeuge auch dort Gefahr läuft, in grundrechtsrelevante Problemsituationen zu geraten, hat der Zeugenschutz auch vor dem Untersuchungsausschuß Bedeutung.

aa) § 69 Abs. 3 in Verbindung mit § 136 a StPO

Die Verweisung des § 69 Abs. 3 StPO auf § 136 a StPO soll verhindern, daß der Zeuge den in § 136 a Abs. 1 StPO aufgeführten verbotenen Vernehmungsmethoden unterzogen wird. Eine derartige Vernehmung wäre mit der in Art. 1 Abs. 1 GG gewährleisteten Menschenwürde unvereinbar und damit verfassungswidrig[29]. Die §§ 69 Abs. 3, 136 a StPO sind daher auch für Untersuchungsausschüsse verbindlich.

bb) § 55, erste Alt. StPO

Das Auskunftsverweigerungsrecht des § 55, erste Alternative StPO berechtigt den Zeugen, Fragen, deren Beantwortung ihm die Gefahr einer straf- oder ordnungsrechtlichen Verfolgung zuzöge, unbeantwortet zu lassen. Eine Anwendung dieser Vorschrift auf das Untersuchungsverfahren setzt voraus, daß das dort festgelegte Schweigerecht Verfassungsrang hat.

Seine Grundlage findet das Auskunftsverweigerungsrecht des § 55 StPO in dem sog. nemo-tenetur-se-ipsum-accusare-Grundsatz[30]. Niemand soll gezwungen werden können, sich durch seine Aussage selbst zu belasten. Dieser Grundsatz ist letztlich die Folgerung aus dem naturrechtlichen Selbsterhaltungsgebot[31], also der zentralen Erkenntnis, daß das Streben nach Überleben und Selbstbehauptung untrennbar mit dem Menschsein verbunden ist. Die Anerkennung dieses Selbsterhaltungsstrebens ist wiederum essentieller und unverzichtbarer Bestandteil des Persönlichkeitsrechtsschutzes[32], der nach der Rechtsprechung des Bundesverfassungsgerichts durch die Art. 1 Abs. 1, 2 Abs. 1 GG gewährleistet wird[33]. Somit ist das nemo-tenetur-se-ipsum-accusare-Prinzip (NTP) Verfassungsrecht und bindet über die Art. 1 Abs. 3, 20 Abs. 3 GG auch Un-

---

[29] Vgl. Klein, Kommentar zum GG, Rn. 5 zu Art. 1 GG.
[30] Vgl. Rinck, DVBl 1964, S. 707; Müller-Boysen, Rechtsstellung des Betroffenen, S. 96.
[31] Vgl. Müller-Boysen, Rechtsstellung des Betroffenen, S. 92, m. w. N.
[32] Vgl. Müller-Boysen, Rechtsstellung des Betroffenen, S. 96 ff.; Rinck, DVBl 1964, S. 708.
[33] Vgl. BVerfGE 6, S. 32 ff. (41); 32, S. 98 ff. (106).

III. Rechtsstaatliche Anforderungen an das Untersuchungsverfahren 41

tersuchungsausschüsse[34]. § 55 StPO ist als Ausprägung des NTP auch im parlamentarischen Untersuchungsverfahren zu beachten.

Eine Besonderheit ist zu berücksichtigen, wenn der Zeuge Bundesrichter oder Bundespräsident ist. In diesem Falle muß § 55 StPO erweitert ausgelegt werden. Denn ein Bundesrichter oder der Bundespräsident geraten nicht nur dann in den mit Art. 1 Abs. 1 GG unvereinbaren Gewissenskonflikt zwischen Selbsterhaltungsstreben und Aussagepflicht, wenn ihre Aussage zu einem Straf- oder Ordnungswidrigkeitsverfahren führte, sondern auch dann, wenn eine Richter- (vgl. Art. 98 Abs. 2 GG, §§ 58 ff. BVerfGG) bzw. Präsidentenanklage (vgl. Art. 61 GG, §§ 49 ff. BVerfGG) die Folge wäre. Sowohl vor den Strafgerichten als auch vor dem Untersuchungsausschuß besteht daher auch dann ein Auskunftsverweigerungsrecht, wenn die Aussage die Gefahr einer dieser Anklagen nach sich zöge[35].

Ist der Zeuge Mitglied der Bundesregierung, kann es zu einer Kollision zwischen § 55 StPO und Art. 43 Abs. 1 GG kommen. Denn Art. 43 Abs. 1 GG erschöpft sich nicht in einem bloßen Zitierrecht, sondern gewährleistet auch ein Fragerecht des Ausschusses und die Antwortpflicht des Ministers[36].

Wie soeben festgestellt wurde, beruht § 55 StPO auf dem durch die Art. 1 Abs. 1, 2 Abs. 1 GG garantierten NTP. Die Grundrechte und insbesondere Art. 1 Abs. 1 GG nehmen im Grundgesetz eine herausragende Position ein. Dies zeigt sich nicht nur aus ihrer Stellung ganz am Anfang der Verfassung, sondern auch an ihrer Unabänderlichkeit (vgl. Art. 79 Abs. 3 GG). Dies bedeutet, daß die Grundrechte nicht isoliert vom Rest der Verfassung betrachtet werden dürfen, sondern vielmehr das ganze Grundgesetz im Lichte von Art. 1 Abs. 1 GG und den Grundrechten gesehen werden muß[37]. Daher muß auch Art. 43 Abs. 1 GG unter Berücksichtigung der Art. 1 Abs. 1, 2 Abs. 1 GG interpretiert werden, und dies führt zu einer grundrechtskonformen restriktiven Auslegung. Liegen die Voraussetzungen des § 55 StPO vor, so hat ein Minister als Zeuge trotz Art. 43 Abs. 1 GG das Auskunftsverweigerungsrecht[38].

---

[34] Ebenso: Gollwitzer, Festschrift, S. 341 f.; Rinck, DVBl 1964, S. 708; Müller-Boysen, Rechtsstellung des Betroffenen, S. 105; Groß, DVBl 1971, S. 640; BGH, NJW 1960, S. 1960 ff.

[35] Für das parlamentarische Untersuchungsverfahren sind derselben Auffassung: Gollwitzer, Festschrift, S. 342; Müller-Boysen, Rechtsstellung des Betroffenen, S. 108; BGH, NJW 1960, S. 1960 ff.

[36] Vgl. Maunz, M-D-H-S, Rn. 8 zu Art. 43 GG.

[37] Vgl. BVerfGE 19, S. 206 ff. (220).

[38] Ebenso: Gollwitzer, Festschrift, S. 342. A. A.: Müller-Boysen, Rechtsstellung des Betroffenen, S. 128.

cc) § 68 a StPO

Im Gegensatz zu § 55 StPO gewährt § 68 a StPO kein Auskunftsverweigerungsrecht. Fragen, deren Beantwortung dem Zeugen zur Unehre gereichen können, müssen also beantwortet werden. Da solche Fragen jedoch das grundrechtlich geschützte Persönlichkeitsrecht berühren, dürfen sie gemäß Art. 1 Abs. 1, 2 Abs. 1 GG (in Verbindung mit dem Verhältnismäßigkeitsgrundsatz des Art. 20 Abs. 3 GG) nur dann gestellt werden, wenn dies für die Wahrheitserforschung unerläßlich ist. Dies stellt § 68 a StPO ausdrücklich klar; seine Anwendung auf das parlamentarische Untersuchungsverfahren ist aus diesen verfassungsrechtlichen Gründen sinngemäß.

dd) §§ 55, zweite Alt., 52 StPO

§ 55, zweite Alt. StPO macht deutlich, daß das NTP einer Erweiterung bedarf. Nicht nur in den Fällen, in denen eine Aussage die Gefahr der Strafverfolgung gegen den Zeugen hervorriefe, sondern auch dann, wenn sie Strafverfolgungsmaßnahmen gegen dessen Angehörige auslösen könnte, besteht das Auskunftsverweigerungsrecht. Diese Erweiterung des Zeugenschutzes beruht auf der Erwägung, daß die Konfliktsituation, in die der Zeuge durch den Zwang zur Aussage gegen einen Angehörigen geriete, ähnlich gravierend ist wie die Belastung durch den Zwang zur Aussage gegen sich selbst[39]. Dies liegt darin begründet, daß das Wohl und Wehe der Familienangehörigen regelmäßig auf das engste mit dem eigenen Schicksal verbunden ist, so daß ein Zwang zur Belastung von Angehörigen in gleicher Weise im Widerspruch zum Persönlichkeitsrechtsschutz der Art. 1 Abs. 1, 2 Abs. 1 GG stünde wie die Verpflichtung zur Selbstbelastung. Daher findet § 55, zweite Alt. StPO auch im Untersuchungsverfahren Anwendung[40]. Bezüglich einer einem Angehörigen drohenden Richter- oder Präsidentenanklage bzw. hinsichtlich einer Kollision zwischen § 55, zweite Alt. StPO und Art. 43 Abs. 1 GG gelten die Darlegungen oben bb) sinngemäß.

Eine weitere Ausprägung dieses „erweiterten NTP" ist § 52 StPO[41], der die besondere Stellung desjenigen Zeugen berücksichtigt, der in einem gegen seinen Angehörigen gerichteten Verfahren aussagen soll. Er läuft nicht nur bei der Beantwortung bestimmter Fragen, sondern bei jeder Antwort Gefahr, seinen Angehörigen zu belasten. Deshalb ist hier der Schutz des § 55, zweite Alt. StPO unzureichend. § 52 StPO räumt ihm das erforderliche umfassende Zeugnisverweigerungsrecht

---

[39] Vgl. Kleinknecht, StPO, Rn. 2 zu § 55 StPO.
[40] Ebenso: Gollwitzer, Festschrift, S. 341 f.; Groß, DVBl 1971, S. 640; Müller-Boysen, Rechtsstellung des Betroffenen, S. 105.
[41] Vgl. zur ratio legis: BGHSt 12, S. 235 ff. (239).

III. Rechtsstaatliche Anforderungen an das Untersuchungsverfahren 43

ein. Da § 52 StPO eine Ausprägung des durch die Art. 1 Abs. 1, 2 Abs. 1 GG gewährleisteten Verfassungsrechtsschutzes ist[42], ist die Anwendbarkeit auch dieser Schutzvorschrift auf Untersuchungsausschüsse zu bejahen. Schwierigkeiten bereitet allerdings die Tatsache, daß es im parlamentarischen Untersuchungsverfahren keinen Beschuldigten im Sinne von § 52 StPO gibt. Doch sind — wie noch ausführlich zu erörtern sein wird (vgl. unten b)) — Untersuchungsverfahren möglich, die sich faktisch gegen sog. Betroffene richten. Diese stehen entsprechend ihrer Stellung im Mittelpunkt des Verfahrens und der gegen sie erhobenen Vorwürfe den Beschuldigten eines Strafverfahrens sehr nahe. Zugunsten der Angehörigen solcher Betroffener ist § 52 StPO sinngemäß anzuwenden[43]. Hinsichtlich einer möglichen Kollision mit Art. 43 Abs. 1 GG gelten die Ausführungen oben bb) entsprechend.

ee) §§ 53, 53 a StPO

Nach Auffassung des Bundesgerichtshofes ist es Ziel der §§ 53, 53 a StPO, den Geheimnisträger aus der Zwangslage des Widerstreits zwischen der Pflicht zur Vertrauenswahrung und der im Strafaufklärungsinteresse begründeten Aussagepflicht zu befreien[44]. Diese Auffassung vermag nicht zu überzeugen. Besteht — wie das z. B. beim Tierarzt der Fall ist — ein strafrechtlicher Geheimnisschutz, aber kein Zeugnisverweigerungsrecht, so hat der Geheimnisträger keine Wahl: Er muß aussagen, und diese Aussage gilt als im Sinne von § 203 StGB „befugt". Zu einem Gewissenskonflikt kann es vielmehr gerade erst durch Einräumung eines Zeugnisverweigerungsrechts kommen. Jetzt nämlich ist dem Geheimnisträger die Entscheidung darüber belassen, ob er wegen § 203 StGB schweigen muß oder aussagen darf, und diese Entscheidung kann nun in der Tat zu Gewissensnöten führen.

Sinn und Zweck der §§ 53, 53 a StPO ist es vielmehr, die eng mit dem strafrechtlichen Schutz der Berufsgeheimnisse (vgl. § 203 StGB) verbundene Funktionstüchtigkeit der in diesen Vorschriften genannten Berufe zu erhalten[45]. Dies geschieht dadurch, daß das für diese Berufsgruppen fundamentale Vertrauensverhältnis zwischen deren Vertretern und ihren Mandanten durch das Schweigerecht der Geheimnisträger vor Gericht geschützt wird. Dieser Schutz der genannten Vertrauensverhältnisse und damit der betreffenden Berufsgruppen ist zwar wünschenswert und von öffentlichem Interesse. Eine verfassungsrechtliche Verpflichtung des Staates hierzu besteht jedoch nicht. Dies wäre aber

---
[42] Vgl. Müller-Boysen, Rechtsstellung des Betroffenen, S. 105, und — wenn auch nicht ausdrücklich — BGHSt 12, S. 235 ff. (239).
[43] Ebenso: Gollwitzer, Festschrift, S. 341.
[44] Vgl. BGHSt 9, S. 59 ff. (61).
[45] Vgl. BVerfGE 38, S. 312 ff. (323).

für eine Verpflichtung des Untersuchungsausschusses zur Anwendung der §§ 53, 53 a StPO erforderlich. Wie schon mehrfach dargestellt, bedeutet „sinngemäße" Anwendung der beschränkenden Vorschriften des Strafprozesses auf das Untersuchungsverfahren deren Geltung nur insoweit, als dadurch Schranken verdeutlicht werden, denen der Untersuchungsausschuß von Verfassungs wegen unterliegt (vgl. oben C. I. 1. a) aa)).

Doch schützen die §§ 53, 53 a StPO nicht nur die Funktionstüchtigkeit der genannten Berufsgruppen, sondern auch die Geheimnissphäre des betroffenen Mandanten bzw. Patienten. Durch das Zeugnisverweigerungsrecht soll sichergestellt werden, daß Geheimnisse nicht auf dem Umweg über die gerichtliche Vernehmung des Vertrauensanwalts, -arztes etc. an die Öffentlichkeit gelangen. Soweit die Wahrung eines solchen Geheimnisses grundrechtlichen Schutz genießt, darf sich auch der Untersuchungsausschuß nicht darüber hinwegsetzen. Im einzelnen gelten die Darlegungen zum Schutz des Steuergeheimnisses (vgl. oben 2.) sinngemäß. Zusammenfassend läßt sich also feststellen: Mangels verfassungsrechtlicher Grundlage finden die Vorschriften der §§ 53, 53 a StPO vor Untersuchungsausschüssen grundsätzlich keine Anwendung[46]. Anderes gilt nur dann, wenn die begehrten Zeugenaussagen Geheimnisse betreffen, deren Wahrung auch grundrechtlich geboten ist.

ff) § 97 StPO

Das Beschlagnahmeverbot des § 97 StPO nimmt Bezug auf die §§ 52, 53 StPO. Soweit diese Vorschriften auf das parlamentarische Untersuchungsverfahren Anwendung finden, ist also auch § 97 StPO für den Untersuchungsausschuß verbindlich.

gg) §§ 61 Nr. 5, 60, 63 StPO

Oben C. I. 1. b) bb) wurde dargelegt, daß den Untersuchungsausschüssen das Recht zur Vereidigung von Zeugen und Sachverständigen zusteht. Dies bedeutet jedoch nicht ,daß für den Untersuchungsausschuß — in gleicher Weise wie für die Strafgerichte — auch eine Pflicht zur Vereidigung bestünde[47]. Zum einen entfällt gemäß § 61 Nr. 5 StPO selbst für das Strafgericht die Vereidigungspflicht, wenn kein Verfahrensbeteiligter einen entsprechenden Antrag stellt. Da aber in einem parlamentarischen Untersuchungsverfahren — selbst dann, wenn man dem im Mittelpunkt des Verfahrens stehenden Zeugen die sog. Betroffenen-

---

[46] Die Gegenmeinung vertreten ohne Begründung: Gollwitzer, Festschrift, S. 341; Groß, DVBl 1971, S. 640; Wagner, NJW 1960, S. 1937.
[47] Ebenso: Schäfer, Der Bundestag, S. 285; Gollwitzer, Festschrift, S. 334, 341.

III. Rechtsstaatliche Anforderungen an das Untersuchungsverfahren 45

Stellung und einen Rechtsbeistand zugesteht (dazu unten b)) — ausschließlich der Untersuchungsausschuß als Inhaber der Verfahrenshoheit über den Gang der Untersuchung entscheidet, existiert hier kein Dritter, der einen Vereidigungsantrag stellen könnte. Und zum anderen sind keine verfassungsrechtlichen Schranken ersichtlich, die den Untersuchungsausschuß grundsätzlich zur Zeugenvereidigung verpflichten könnten.

Jedoch könnten sich Beschränkungen des Ermessens im Gebrauch des Vereidigungsrechts aus den §§ 60 und 63 StPO ergeben.

Das Vereidigungsverbot des § 60 Nr. 1 StPO begründet sich damit, daß Minderjährige und Menschen von mangelnder Verstandesreife oder gar Verstandesschwäche Wesen und Bedeutung des Eides nicht zu erfassen vermögen. Ohne das Wissen des Zeugen über die Eidesfunktion kann Ziel und Zweck des Eides, den Zeugen mit besonderem Nachdruck zur Wahrhaftigkeit anzuhalten, nicht erreicht werden[48]. Die Vereidigung wäre also in diesen Fällen ein Eingriff in die Freiheit des Zeugen, der zur Erreichung des damit verfolgten Zwecks ungeeignet ist. Solche zur Zweckerreichung ungeeigneten Eingriffe in die durch Art. 2 Abs. 1 GG geschützte Freiheit des Betroffenen können sich nicht mehr auf ein gegenüber dem Privatinteresse des Betroffenen höherrangiges öffentliches Interesse am Eintreten des verfolgten Zwecks stützen und sind daher grundrechts- und rechtsstaatswidrig. Daher zwingen die Art. 2 Abs. 1, 20 Abs. 3 GG auch den Untersuchungsausschuß zur Anwendung des § 60 Nr. 1 StPO[49].

Auch in den Fällen des § 60 Nr. 2 StPO kann der Zweck der Vereidigung, die Glaubwürdigkeit der Aussage zu steigern, nicht erreicht werden. Hier sind sich die Zeugen zwar des Wesens und der Funktion des Eides bewußt, doch fehlt ihnen die Unbefangenheit, aus diesem Wissen die gewünschte Konsequenz zu ziehen. Ihre Aussage ist vielmehr derjenigen eines Beschuldigten ähnlich[50]. Aus den soeben zu § 60 Nr. 1 StPO dargelegten Gründen ergibt sich die Pflicht des Untersuchungsausschusses, auch § 60 Nr. 2 StPO anzuwenden[51]. Zu beachten ist allerdings, daß die den Untersuchungsgegenstand bildende „Tat" im Sinne dieser Vorschrift nicht nur eine Straftat, sondern auch ein Verhalten sein kann, das eine Richter- oder Präsidentenanklage nach sich ziehen könnte[52] (zu den Gründen für diese Erweiterung vgl. oben bb)).

---
[48] Vgl. Kleinknecht, StPO, Rn. 5 zu § 60 StPO.
[49] Ebenso — wenn auch ohne Begründung: Gollwitzer, Festschrift, S. 340 f.
[50] Vgl. Kleinknecht, StPO, Rn. 6 zu § 60 StPO; BGHSt 17, S. 128 ff. (134).
[51] Ebenso: BGH, NJW 1960, S. 1960 ff.; Wagner, NJW 1960, S. 1938; Schäfer, Der Bundestag, S. 285; Groß, DVBl 1971, S. 640.
[52] Ebenso: Gollwitzer, Festschrift, S. 341; BGH, NJW 1960, S. 1960 ff.

Das Eidesverweigerungsrecht in § 63 StPO ist eine sinnvolle Ergänzung des in § 52 StPO eingeräumten Zeugnisverweigerungsrechts, hat aber keinen verfassungsrechtlichen Rang. Zum einen kann man § 63 StPO nicht als Ausdruck des NTP ansehen. Schließlich soll die Beeidigung hier eine zwar der Wahrheitspflicht unterliegende, aber *freiwillig* abgegebene Aussage bekräftigen (§ 52 StPO). Und zum anderen ist die Befangenheit eines Angehörigen, der von seinem Zeugnisverweigerungsrecht gem. § 52 StPO keinen Gebrauch gemacht hat, nicht so groß, daß der Eid deshalb seinen Sinn und Zweck, den Zeugen zur Wahrhaftigkeit anzuhalten, einbüßen müßte. § 63 StPO ist daher für den Untersuchungsausschuß nicht verbindlich.

b) Beschuldigtenschutzvorschriften

Der Streit um die Anwendung der Beschuldigtenschutzvorschriften ist in jüngster Zeit immer aktueller geworden[53]. Im einzelnen geht es um folgende Fragen:

(1) Welcher Zeugentypus ist dem Beschuldigten eines Strafverfahrens so ähnlich, daß ihm als sog. Betroffenen dessen Schutz zugebilligt werden muß? (dazu unten aa))

(2) Welche konkreten Rechte knüpfen sich an die Betroffenen-Stellung? (dazu unten bb) bis dd))

aa) Der Begriff des „Betroffenen"

Ausgangspunkt für die Bewältigung dieses Problemkreises ist die Erkenntnis, daß sich parlamentarische Untersuchungsverfahren — abgesehen von den oben B. II. genannten Kategorien — in sachbezogene und personenbezogene Enquêten einteilen lassen[54]. Merkmal der personenbezogenen Untersuchungen ist die Ausrichtung des Verfahrens gegen eine bestimmte Person oder Personengruppe, deren (Fehl-)Verhalten die Enquête behandelt. Kann auch der Untersuchungsausschuß gegen diese Personen aufgrund seines Untersuchungsergebnisses keine Sanktionen oder Urteile verhängen, so stehen jene doch im Mittelpunkt des Verfahrens und sind angesichts des starken öffentlichen Interesses an parlamentarischen Untersuchungen harten persönlichen Belastungen ausgesetzt. Dieser Umstand nähert sie der Stellung eines Angeklagten im Strafprozeß so sehr an, daß man diesen sog. Betroffenen heute in der überwiegenden untersuchungsausschußrechtlichen Praxis die Rechte eines strafrechtlich Beschuldigten einräumt[55].

---

[53] Vgl. zu dieser Problematik vor allem: Müller-Boysen, Die Rechtsstellung des Betroffenen; Gollwitzer, BayVBl 1982, S. 417 ff.
[54] Vgl. Gollwitzer, BayVBl 1982, S. 419; Wagner, NJW 1960, S. 1937.

III. Rechtsstaatliche Anforderungen an das Untersuchungsverfahren   47

Schwierigkeiten bereitet nun aber — über die Frage, welche Rechte im einzelnen zugebilligt werden sollen, hinaus — das Problem der Definition des Betroffenen. In der Literatur wird darauf abgestellt, ob der Untersuchungsauftrag die Ausrichtung der Untersuchung gegen eine bestimmte Person erkennen läßt[56], ob sich eine solche Ausrichtung während der Untersuchung ergibt[57], oder ob der Name der Person im Schlußbericht an zentraler Stelle aufgeführt werden soll[58]. All diese Definitionsversuche kranken an folgendem Umstand: Den Prototyp des „Betroffenen", dem alle Rechte eines strafrechtlich Beschuldigten einzuräumen sind, gibt es nicht[59]. Vielmehr bringen es die Wesensunterschiede zwischen strafgerichtlichem Verfahren und parlamentarischer Untersuchung mit sich, daß man innerhalb der als Betroffene in Frage kommenden Personen je nach deren Schutzwürdigkeit differenzieren muß. So mögen einem Betroffenen alle Mitwirkungs- und Schweigerechte, einem anderen hingegen nur das eine oder andere Recht zustehen. Deshalb hilft der Versuch einer Definition des „Betroffenen" nicht weiter. Vielmehr empfiehlt es sich, die einzelnen Beschuldigtenschutzvorschriften zu untersuchen und hierbei jeweils diejenige Betroffenengruppen herauszuarbeiten, zu deren Gunsten diese Regelungen auch im parlamentarischen Untersuchungsverfahren Anwendung finden. Dies geschieht im folgenden.

bb) Das Recht auf rechtliches Gehör

Das Recht auf rechtliches Gehör wird im Strafverfahren durch Art. 103 Abs. 1 GG garantiert und durch die Strafprozeßordnung abgesichert. Der Angeklagte hat das Recht auf Mitteilung der entscheidungserheblichen Tatsachen und rechtlichen Gesichtspunkte durch das Gericht (vgl. z. B. § 265 StPO), das Recht, sich vor Erlaß der gerichtlichen Entscheidung tatsächlich und rechtlich zur Sache zu äußern, d. h. Ausführungen zu machen und Anträge zu stellen (vgl. z. B. die §§ 258 Abs. 1, 258 Abs. 3, 257 Abs. 1, 248 Satz 2, 240 Abs. 2 Satz 1, 219 StPO), und das Recht auf Berücksichtigung des Geäußerten durch das Gericht[60]. Eine sinngemäße Anwendung auf das parlamentarische Untersuchungsverfahren können die einschlägigen strafprozessualen Vorschriften nur dann finden, wenn das Recht auf rechtliches Gehör — so, wie es Art. 103 Abs. 1 GG in Verbindung mit der Strafprozeßordnung festlegt — auch

---

[55] Vgl. Art. 13 BayUAG, § 19 BW-UAG, § 54 Saarl. Landtagsgesetz über Untersuchungsausschüsse.
[56] Vgl. Art. 13 Abs. 1 Satz 2 BayUAG.
[57] Vgl. § 54 Abs. 1 Saarl. Landtagsgesetz über Untersuchungsausschüsse.
[58] Vgl. § 19 Abs. 1 Nr. 4 BW-UAG.
[59] Ebenso: Müller-Boysen, Rechtsstellung des Betroffenen, S. 41 f.
[60] Vgl. Klein, Kommentar zum GG, Rn. 3 zu Art. 103 GG.

48 D. Das Rechtsstaatsprinzip als Schranke des Untersuchungsrechts

für den Untersuchungsausschuß verbindliches Verfassungsrecht darstellt.

Art. 103 Abs. 1 GG bindet den Untersuchungsausschuß nicht[61]. Ebenso wie Art. 6 Abs. 1 MRK gewährleistet er rechtliches Gehör nur „vor Gericht", und der Untersuchungsausschuß ist kein Gericht (vgl. oben B. I.). Doch könnte sich dasselbe oder ein ähnliches Recht aus dem Rechtsstaatsprinzip und/oder den Grundrechten ergeben und auf diese Weise für den Untersuchungsausschuß Bedeutung erlangen.

Überall dort, wo der Staat den Bürger einem Verfahren unterzieht, ist dies aufgrund des bestehenden Über-Unterordnungsverhältnisses für diesen mit Gefahren verbunden. Im Vordergrund steht dabei die Gefahr, daß der Bürger zu einem Spielball der die Untersuchung führenden staatlichen Stellen und damit zum bloßen Verfahrensobjekt degradiert wird. Einer solchen Erniedrigung des Menschen zum Verfahrensobjekt muß in einem Rechtsstaat vorgebeugt werden. Anderenfalls würde die in Art. 1 Abs. 1 GG garantierte Würde des Menschen verletzt, deren Schutz „oberstes Konstitutionsprinzip" ist[62]. So erfordert das Rechtsstaatsprinzip des Art. 20 Abs. 3 GG zum Schutz der in Art. 1 GG gewährleisteten Menschenwürde, daß dem betroffenen Bürger in dem gegen ihn gerichteten Verfahren die Stellung als Verfahrenssubjekt eingeräumt wird[63]. Für den Strafprozeß hat die Rechtsprechung zu diesem Zweck das Gebot des fairen Verfahrens als Ausfluß des Rechtsstaatsprinzips entwickelt[64]. Dieses Fairneßgebot muß — wie allgemein anerkannt ist[65] — aus rechtsstaatlichen Gründen auch in anderen vom Staat gegen den Bürger betriebenen Verfahren Geltung haben. Verwirklicht wird das Gebot des fairen Verfahrens nicht nur durch Selbstbeschränkung der untersuchenden staatlichen Stelle, sondern vor allem durch Einräumung von Mitwirkungsrechten[66]. Nur mit Hilfe solcher Beteiligungsrechte kann der betroffene Bürger eine Verfahrensstellung erreichen, die eine gewisse Ausgewogenheit und Waffengleichheit zwischen Staat und Betroffenem schafft und eine Erniedrigung zum Verfahrensobjekt verhindert. Diese Mitwirkungsrechte werden unter dem Oberbegriff des Rechts auf rechtliches Gehör zusammengefaßt.

---

[61] Ebenso: Hamann / Lenz, Kommentar zum GG, Anm. B 3 zu Art. 44 GG; Gollwitzer, BayVBl 1982, S. 422; Müller-Boysen, Rechtsstellung des Betroffenen, S. 46 ff.

[62] Vgl. BVerfGE 6, S. 32 ff. (36).

[63] Vgl. Gollwitzer, BayVBl 1982, S. 422 f.; Müller-Boysen, Rechtsstellung des Betroffenen, S. 63 ff.

[64] Vgl. BVerfGE 26, S. 66 ff. (71).

[65] Vgl. Müller-Boysen, Rechtsstellung des Betroffenen, S. 53 f.; Gollwitzer, BayVBl 1982, S. 422 f.; Maunz, M-D-H-S, Rn. 92 zu Art. 103 GG.

[66] Vgl. BVerfGE 38, S. 105 ff. (111).

III. Rechtsstaatliche Anforderungen an das Untersuchungsverfahren

Somit läßt sich feststellen, daß wegen der Art. 1 Abs. 1, 20 Abs. 3 GG nicht nur der Angeklagte eines Strafprozesses, sondern auch jeder Betroffene eines anderen gegen ihn gerichteten staatlichen Verfahrens das Recht auf rechtliches Gehör genießt. Wie viele Mitwirkungsrechte dieses Recht im Einzelfall umfaßt, hängt von der Art des Verfahrens und der Stellung des Betroffenen in diesem Verfahren ab.

Das parlamentarische Untersuchungsverfahren kann sich im Einzelfall faktisch gegen eine bestimmte Person(engruppe) richten und damit die Gefahr einer Erniedrigung des Betroffenen zum Verfahrensobjekt hervorrufen. Im Rahmen der Beantwortung der Frage, bei welchen Enquêten eine solche Ausrichtung auf Personen gegeben ist und daher aus rechtsstaatlichen Erwägungen rechtliches Gehör gewährt werden muß, wird zugleich der für dieses Recht relevante Betroffenen-Kreis abgegrenzt (vgl. oben aa)).

Entscheidend ist, in welchen Untersuchungen Dritte Gefahr laufen, zum bloßen Objekt des Verfahrens herabzusinken. Denn dies ist — wie oben dargestellt wurde — der Ansatzpunkt für die Gewährung rechtlichen Gehörs (anders ein Teil der Literatur[67], der eine unmittelbare Verschlechterung der Rechtsstellung des Betroffenen für die Gewährung rechtlichen Gehörs verlangt). Diese Gefahr besteht bei all den Enquêten, die sich faktisch ausschließlich oder ganz überwiegend gegen eine bestimmte Person(engruppe) richten. Dies ist jedenfalls dann der Fall, wenn sich eine solche Ausrichtung ausdrücklich oder stillschweigend aus dem im Einsetzungsbeschluß des Bundestages festgelegten Untersuchungsauftrag ergibt[68]. Darüber hinaus kann sich eine solche Polarisierung aber auch erst im Laufe einer Untersuchung herausbilden[69]. Immer obliegt es dem Untersuchungsausschuß, durch seinen Beschluß dem jeweiligen Zeugen das Recht auf rechtliches Gehör zuzubilligen und ihn insoweit als Betroffenen anzuerkennen[70]. Denn allein dem Ausschuß steht die Verfahrenshoheit zu. Gegen einen ablehnenden Beschluß des Untersuchungsausschusses kann sich der Betroffene mit der Verfassungsbeschwerde zur Wehr setzen (Art. 93 Abs. 1 Nr. 4 a GG, §§ 13 Nr. 8 a, 90 ff. BVerfGG). Zwar stellen Art. 1 Abs. 1 GG und das Rechtsstaatsprinzip des Art. 20 Abs. 3 GG nur objektives Recht dar, dessen Verletzung nach § 90 Abs. 1 BVerfGG nicht geltend gemacht werden kann. Doch verstoßen solche Eingriffe in Rechte des Betroffenen stets zugleich gegen Art. 2 Abs. 1 GG, da sie sich wegen der Verletzung von

---

[67] Vgl. die Nachweise in: Müller-Boysen, Rechtsstellung des Betroffenen, S. 68, Anm. 3.
[68] Ebenso: Art. 13 Abs. 1 Satz 2 BayUAG.
[69] Ebenso: § 54 Abs. 1 Nr. 2 Saarl. Landtagsgesetz über Untersuchungsausschüsse.
[70] Vgl. Art. 13 Abs. 1 Satz 3 BayUAG; Gollwitzer, BayVBl 1982, S. 419.

Art. 1 Abs. 1, 20 Abs. 3 GG nicht auf die verfassungsmäßige Ordnung stützen können. Gegen eine Verletzung des Art. 2 Abs. 1 GG kann aber mit der Verfassungsbeschwerde vorgegangen werden[71].

Schließlich bleibt zu erörtern, welche Mitwirkungsrechte sich zugunsten des eben festgelegten Betroffenenkreises aus dem Recht auf rechtliches Gehör ableiten lassen.

Hier erlangt nun diejenige Überlegung Bedeutung, die manche fälschlicherweise schon für die Beantwortung der Frage heranziehen[72], ob überhaupt rechtliches Gehör gewährt werden muß: Ein parlamentarisches Untersuchungsverfahren vermag mangels Urteils- und Entscheidungsbefugnis — anders als das Strafgericht — die Rechtstellung der Betroffenen nicht unmittelbar zu verschlechtern. Vielmehr besteht die Belastung des einzelnen allein in der Aufklärung und Offenlegung seines Fehlverhaltens. Daß dies dann mittelbar zu einem Strafverfahren oder zu einer Richter- oder Präsidentenanklage führen kann, steht auf einem anderen Blatt. Daher ist die Belastung und damit auch die Schutzwürdigkeit eines Betroffenen grundsätzlich geringer als diejenige eines Angeklagten. Verfassungsrechtlich erforderlich ist daher nur die Gewährung eines Mindestmaßes an rechtlichem Gehör[73]. Über dieses notwendige Mindestmaß gehen Antragsrechte und Zustimmungserfordernisse, wie sie z. B. in den §§ 219, 244 Abs. 3 und 251 Abs. 1 Nr. 4, 249 Abs. 2 Satz 1 StPO niedergelegt sind, hinaus[74]. Diese Vorschriften sind Zugeständnisse an das aufgrund der Verurteilungsgefahr vitale Interesse des Angeklagten an einer umfassenden richterlichen Meinungsbildung. Der Betroffene eines parlamentarischen Untersuchungsverfahrens hat keine Verurteilung durch den Ausschuß zu befürchten und kann daher derart weitgehende verfahrensgestaltende Mitwirkungsrechte nicht beanspruchen. Aus denselben Gründen finden das Unmittelbarkeits- und Mündlichkeitsprinzip samt deren Ausprägungen in den Beweiserhebungsvorschriften der Strafprozeßordnung keine sinngemäße Anwendung[75]. Auch diese Grundsätze und Regelungen sind speziell auf den Angeklagten eines Strafprozesses zugeschnitten, der eine durch eine Verurteilung drohende unmittelbare Verschlechterung seiner Rechtsstellung befürchten muß.

---

[71] Vgl. BVerfGE 1, S. 264 ff. (273); 20, S. 150 ff. (154 f.).
[72] Vgl. oben Anm. 67 zu Kap. D.
[73] Ebenso: Gollwitzer, BayVBl 1982, S. 423.
[74] Ebenso: Gollwitzer, BayVBl 1982, S. 423; ders., Festschrift, S. 335. A. A.: Müller-Boysen, Rechtsstellung des Betroffenen, S. 85.
[75] Vgl. Maunz, M-D-H-S, Rn. 51 zu Art. 44 GG; Rechenberg, Bonner Kommentar, Rn. 23 zu Art. 44 GG; Versteyl, GG-Kommentar, Rn. 19 zu Art. 44 GG; Wagner, NJW 1960, S. 1937.

III. Rechtsstaatliche Anforderungen an das Untersuchungsverfahren 51

Dem Betroffenen eines Untersuchungsverfahrens stehen im Rahmen seines Anspruchs auf ein Mindestmaß an rechtlichem Gehör folgende Rechte zu: Der Untersuchungsausschuß muß ihn in ausreichendem Maße in den Sach- und Rechtsstand des ihn betreffenden Verfahrensabschnitts einführen[76]; denn ohne die nötige Information erübrigt sich eine Stellungnahme. Ein Anspruch auf ein Rechtsgespräch zwischen Betroffenem und Ausschuß besteht nicht[77]. Während der ihn betreffenden Beweisaufnahme, bei welcher es auf die Aufnahme persönlicher, sinnlicher Wahrnehmungen ankommt, muß dem Betroffenen die Anwesenheit gestattet werden[78]. Die Ergebnisse der übrigen Verfahrensabschnitte können ihm auch schriftlich oder mündlich durch den Untersuchungsausschuß mitgeteilt werden[79]. Jederzeit ist dem Betroffenen die Möglichkeit zur Stellungnahme hinsichtlich aller tatsächlich und rechtlich erheblichen Umstände zu geben[80]. Die oben dargelegte Ablehnung eines Beweisantragsrechts schließt Beweiserhebungsanregungen nicht aus.

Oft werden Informationsanspruch und Äußerungsrecht alleine dem Recht auf rechtliches Gehör nicht gerecht. Meist sind die Untersuchungsgegenstände und dementsprechend der Sach- und Rechtsstand, in den der Betroffene eingewiesen werden und zu dem er sich äußern soll, so vielschichtig und kompliziert, daß der Betroffene sich ohne fremde Hilfe kein Bild von seiner Situation machen kann. Daher muß es dem Betroffenen freistehen, sich in jedem Stadium des Verfahrens eines Rechtsbeistands zu bedienen[81]. Anderenfalls drohte die Gefahr, daß er trotz Einräumung von Informations- und Äußerungsrechten zum Verfahrensobjekt wird und es auf diese Weise dann dennoch zu einem Verstoß gegen die Art. 1 Abs. 1, 20 Abs. 3 GG kommt. Auch § 137 StPO findet also vor dem Untersuchungsausschuß sinngemäße Anwendung. Zu beachten ist allerdings, daß aufgrund der oben dargelegten Unterschiede zwischen der Stellung eines Angeklagten und derjenigen eines Betroffenen auch dem Rechtsbeistand die dem Strafverteidiger eingeräumten Antrags- und Zustimmungsrechte versagt bleiben[82]. Vielmehr hat der Rechtsbeistand nicht mehr Rechte als der Betroffene. Diese kann er aber jederzeit für seinen Mandanten geltend machen.

---

[76] Ebenso: Gollwitzer, BayVBl 1982, S. 423; Müller-Boysen, Rechtsstellung des Betroffenen, S. 80 ff.

[77] Vgl. Maunz, M-D-H-S, Rn. 38 zu Art. 103 GG; Müller-Boysen, Rechtsstellung des Betroffenen, S. 81.

[78] Ebenso: Müller-Boysen, Rechtsstellung des Betroffenen, S. 82 f.

[79] Vgl. Anm. 78 zu Kap. D.

[80] Ebenso: Gollwitzer, BayVBl 1982, S. 423.

[81] Ebenso: Gollwitzer, BayVBl 1982, S. 424; ders., Festschrift, S. 339; Müller-Boysen, Rechtsstellung des Betroffenen, S. 86 ff.; vgl. auch BVerfGE 38, S. 105 ff.

[82] Ebenso: Gollwitzer, BayVBl 1982, S. 424; ders., Festschrift, S. 339.

Schließlich ist auch das Recht zur Berücksichtigung der von dem Betroffenen vorgebrachten Äußerungen Ausfluß des Anspruchs auf rechtliches Gehör[83]. Dies bedeutet die Pflicht des Untersuchungsausschusses, die Argumente und Anregungen des Betroffenen zur Kenntnis zu nehmen und in die Abwägung im Rahmen der Feststellung des Untersuchungsergebnisses miteinzubeziehen.

cc) Das Aussageverweigerungsrecht

Gleichfalls umstritten ist, ob und — wenn ja — in welchen Fällen der Untersuchungsausschuß durch eine analoge Anwendung des § 136 Abs. 1 Satz 2 StPO beschränkt ist, ein Zeuge sich also auf das umfassende Aussageverweigerungsrecht des strafprozessual Beschuldigten berufen kann. Die Lösung dieses Problems hängt davon ab, ob § 136 Abs. 1 Satz 2 StPO von der Verweisung des Art. 44 Abs. 2 Satz 1 GG erfaßt wird und — bejahendenfalls — die Anwendung dieser Vorschrift „sinngemäß" ist.

Gemäß Art. 44 Abs. 2 Satz 1 GG finden die Vorschriften über den Strafprozeß nur auf Beweiserhebungen Anwendung. Doch findet — anders als im Falle des Angeklagten im Strafprozeß — auch die Vernehmung des Betroffenen, zu dessen Gunsten man die Anwendung des § 136 Abs. 1 Satz 2 StPO diskutiert, im Rahmen der Beweiserhebungen des Untersuchungsausschusses statt.

Sinngemäß ist die Anwendung des § 136 Abs. 1 Satz 2 StPO auf das parlamentarische Untersuchungsverfahren dann, wenn diese Vorschrift Ausdruck einer dem Untersuchungsausschuß von der Verfassung gesetzten Schranke ist (vgl. oben C. I. 1. a) aa)). Hier ist vor allem wieder an das NTP zu denken, das — wie oben a) bb) dargelegt — über die Art. 1 Abs. 1, 2 Abs. 1, 20 Abs. 3 GG Verfassungsrang genießt. Voraussetzung ist, daß nicht schon das Auskunftsverweigerungsrecht des § 55 StPO dem NTP für das Untersuchungsverfahren Genüge tut.

§ 55 StPO ist auf den Zeugen zugeschnitten, der — selbst nicht Mittelpunkt des Verfahrens — grundsätzlich nicht der Gefahr einer Selbstbelastung ausgesetzt ist. Sollte diese Gefahr im Zusammenhang mit einzelnen Fragen auftauchen, darf er diese unbeantwortet lassen. Den Verweigerungsgrund hat er auf Verlangen glaubhaft zu machen (vgl. § 56 StPO). § 136 Abs. 1 Satz 2 StPO berücksichtigt die wesentlich exponiertere Stellung des Angeklagten im Mittelpunkt des gegen ihn gerichteten Verfahrens. Hier birgt jede Antwort die Gefahr der Selbstbelastung in sich. Vor der damit verbundenen Konfliktsituation muß der Angeklagte nach dem NTP bewahrt werden, und dies kann nur durch

---

[83] Ebenso: Müller-Boysen, Rechtsstellung des Betroffenen, S. 88 f.; Gollwitzer, BayVBl 1982, S. 423.

III. Rechtsstaatliche Anforderungen an das Untersuchungsverfahren

die Einräumung eines umfassenden Aussageverweigerungsrechts geschehen. Entscheidend für die Anwendbarkeit des § 136 Abs. 1 Satz 2 StPO auf das Untersuchungsverfahren ist daher die Überlegung, in welchen Fällen auch vor Untersuchungsausschüssen § 55 StPO zur Befolgung des verfassungsrechtlichen NTP nicht mehr ausreicht und auf das umfassende Aussageverweigerungsrecht des § 136 Abs. 1 Satz 2 StPO zurückgegriffen werden muß.

Zunächst ist dies immer dann der Fall, wenn der Zeuge bei jeder Antwort Gefahr liefe, ein Strafverfahren gegen seine Person auszulösen oder sich im Hinblick auf ein parallel laufendes Strafverfahren zu belasten. Diese Gefahr besteht in all denjenigen Untersuchungsverfahren, die sich von Anfang an oder aufgrund erst während der Untersuchung eingetretener Umstände gegen eine Person(engruppe) richten, deren zu untersuchendes Fehlverhalten den Tatbestand eines Straf- oder Ordnungswidrigkeitsgesetzes erfüllt[84]. Bildet solch strafbares Fehlverhalten hingegen nicht selbst den Untersuchungsgegenstand, sondern steht mit diesem lediglich in Zusammenhang, so können Selbstbelastungen nur am Rande auftauchen und § 55 StPO bietet ausreichenden Schutz.

Darüber hinaus ist zu bedenken, daß — wie oben a) bb) im Rahmen der Erörterung des § 55 StPO dargestellt — ein Zeuge nicht nur dann in eine mit Art. 1 Abs. 1, 2 Abs. 1, 20 Abs. 3 GG unvereinbare Konfliktsituation gerät, wenn ihn seine Aussage strafrechtlicher Verfolgung aussetzte, sondern auch dann, wenn sie die Gefahr einer Richter- bzw. Präsidentenanklage heraufbeschwöre. Daher muß der Schutz des § 136 Abs. 1 Satz 2 StPO auch all denjenigen Personen gewährt werden, gegen die sich eine parlamentarische Untersuchung wegen eines Fehlverhaltens richtet, das die Voraussetzung für eine solche politische Anklage erfüllt[85]. Wiederum auf § 55 StPO beschränkt sind diejenigen Zeugen, deren Fehlverhalten zwar eine der genannten Anklagen nach sich ziehen könnte, aber nicht Gegenstand des Untersuchungsverfahrens ist.

Die Gefahr ständiger Selbstbelastungen im übrigen mag zwar zu Unannehmlichkeiten für den betroffenen Zeugen führen. Die dadurch hervorgerufene Konfliktsituation erreicht aber nicht den Schweregrad, der für die Einräumung eines Aussageverweigerungsrechts nach dem NTP erforderlich ist. Schließlich berechtigt auch § 55 StPO nur dann zur Auskunftsverweigerung, wenn die drohende Selbstbelastung zu einem strafrechtlichen oder politischen Anklageverfahren führen könnte.

---

[84] Ebenso: Rinck, DVBl 1964, S. 708; Gollwitzer, BayVBl 1982, S. 420; ders., Festschrift, S. 337; Müller-Boysen, Rechtsstellung des Betroffenen, S. 105.
[85] Ebenso: Rinck, DVBl 1964, S. 709; Gollwitzer, BayVBl 1982, S. 420; Müller-Boysen, Rechtsstellung des Betroffenen, S. 108.

Im Rahmen der Erörterung der Zeugenschutzvorschriften (vgl. oben a) bb)) wurde bereits der Vorrang des NTP gegenüber Art. 43 Abs. 1 GG dargelegt. Wegen dieses Vorrangs kann Art. 43 Abs. 1 GG auch gegenüber § 136 Abs. 1 Satz 2 StPO keinen Bestand haben.

Schließlich bleibt noch zu erwähnen, daß nicht der Zeuge, sondern der Untersuchungsausschuß als Alleininhaber der Verfahrenshoheit über die Frage zu entscheiden hat, ob eine für § 136 Abs. 1 Satz 2 StPO relevante Betroffenenstellung vorliegt. Die Entscheidung des Untersuchungsausschusses kann vom Zeugen nach Art. 93 Abs. 1 Nr. 4 a GG, §§ 13 Nr. 8 a, 90 ff. BVerfGG mit der Verfassungsbeschwerde angefochten werden.

dd) Das Vereidigungsverbot

Oben a) gg) wurde dargelegt, daß § 60 Nr. 2 StPO in erweiterter Form auch vor Untersuchungsausschüssen Anwendung findet. Da alle nach § 136 Abs. 1 Satz 2 StPO zur Aussageverweigerung Berechtigten in den erweiterten Schutzbereich dieser Regelung fallen, ist deren Vereidigung grundsätzlich unzulässig[86].

---

[86] Im Ergebnis ebenso: Gollwitzer, Festschrift, S. 341.

E. Gewaltenteilungsprinzip und Verfassungsorgantreuepflicht als Schranken des parlamentarischen Untersuchungsrechts

I. Bindung des parlamentarischen Untersuchungsrechts an Gewaltenteilungsprinzip und Verfassungsorgantreuepflicht

Nach der Korollartheorie ist sowohl der Bundestag als auch der Untersuchungsausschuß als dessen Teilorgan bei der Geltendmachung des parlamentarischen Untersuchungsrechts denselben Schranken unterworfen, welche die parlamentarischen Kompetenzen auch im übrigen begrenzen (vgl. oben B. III. 2.). Dazu gehören gemäß Art. 20 Abs. 2, 20 Abs. 3, 79 Abs. 3 GG auch das Prinzip der Gewaltenteilung und die Verfassungsorgantreuepflicht[1]. Der Bundestag hat dies im Rahmen der Überprüfung der Zulässigkeit von Untersuchungsanträgen, der Untersuchungsausschuß im Rahmen seines Verfahrens zu berücksichtigen.

II. Die Begriffe der Gewaltenteilung und Verfassungsorgantreue

1. Prinzip der Gewaltenteilung

Das Gewaltenteilungsprinzip wird aus Art. 20 Abs. 2 GG abgeleitet[2]. Sein Inhalt ist die Verteilung der Staatsmacht auf drei voneinander unabhängige Gewalten — Exekutive, Legislative und Judikative[3]. Durch diese Aufteilung sollen Machtkonzentrationen bei einigen wenigen staatlichen Stellen vermieden und ein selbstherrlicher, nachlässiger oder gar rechtswidriger Umgang mit den Amtsgeschäften mittels gegenseitiger Kontrolle verhindert werden. Schwierig abzugrenzen und Herd vieler verfassungsrechtlicher Streitigkeiten ist der Problembereich zwischen zulässiger, ja notwendiger wechselseitiger Kontrolle und unzulässigem Eingriff einer Gewalt in den Kernbereich der anderen. Insbesondere für das Untersuchungsrecht als Kontrollinstrument der Le-

---

[1] Vgl. zum Prinzip der Gewaltenteilung Klein, Kommentar zum GG, Rn. 19 zu Art. 20 GG; Badura, DÖV 1984, S. 762; vgl. zur Verfassungsorgantreue Schenke, Die Verfassungsorgantreue, S. 1 ff.; BVerfGE 45, S. 1 ff. (39).

[2] Vgl. Scholz, AöR 105, S. 600; Klein, Kommentar zum GG, Rn. 19 zu Art. 20 GG; Herzog, M-D-H-S, Rn. 1 zu Art. 20 GG, Abschnitt V.

[3] Vgl. Klein, Kommentar zum GG, Rn. 19 zu Art. 20 GG; Herzog, M-D-H-S, Abschnitt V der Anm. zu Art. 20 GG.

gislative (oder besser Opposition; vgl. oben B. II.) ist diese Abgrenzungsfrage von großer praktischer Bedeutung.

2. Verfassungsorgantreuepflicht

Aus dem Gewaltenteilungs- und Rechtsstaatsprinzip, Art. 20 Abs. 2, 20 Abs. 3 GG, folgert man die Pflicht aller Verfassungsorgane zu gegenseitiger Rücksichtnahme und Kooperation[4]. Dieses Gebot stellt sozusagen das Korrelat zur Gewaltenteilung dar. Denn diese bedarf, sollen Isolation und gegenseitige Obstruktion vermieden werden, der notwendigen Ergänzung durch die Verpflichtung zu wechselseitigen Kontakten und zur Zusammenarbeit. In der Praxis — und hier auch im Rahmen von Untersuchungsverfahren — problematisch ist der Bereich zwischen zur Wahrung der eigenen Machtsphäre notwendiger und somit zulässiger Verweigerung gegenüber der anderen Gewalt und verfassungswidriger Versagung der gebotenen gegenseitigen Unterstützung.

III. Bedeutung dieser Schranken für die Frage der Zulässigkeit von Untersuchungsgegenständen

1. Problem ständiger Untersuchungsausschüsse

Im Hinblick auf Gewaltenteilung und Verfassungsorgantreuepflicht ist die Frage der Zulässigkeit von sog. ständigen Untersuchungsausschüssen streitig[5]. Gemeint sind Untersuchungsausschüsse, die sich nicht mit einem einzelnen, abgegrenzten Untersuchungsthema befassen, sondern während der ganzen Legislaturperiode in einem bestimmten Bereich überwachend und untersuchend tätig sind. Hier bildet also nicht ein in der Vergangenheit abgeschlossener und allenfalls in die Gegenwart fortwirkender Sachverhalt, sondern das Verhalten von Regierung, Justizbehörden oder Abgeordneten über eine längere Zeit den Untersuchungsgegenstand. Deshalb deckt sich das Problem ständiger Untersuchungsausschüsse mit der Frage, ob das parlamentarische Untersuchungsrecht auf eine ex-post-Kontrolle beschränkt ist oder nicht.

Überwiegend bejaht wird die Zulässigkeit von ständigen Untersuchungsausschüssen im Bereich der Legislative[6]. Man ist der Auffassung, allein das Gewaltenteilungsprinzip stelle eine Schranke für die Einset-

---

[4] Vgl. Schenke, Die Verfassungsorgantreue, insbesondere S. 22 ff., 26 ff., 37 ff., 48 ff. und 96 ff.; Wesel, Antragsschrift, S. 11 f.; Scholz, AöR 105, S. 600 ff.; BVerfGE 45, S. 1 ff. (39).

[5] Vgl. zu dieser Problematik vor allem: Böckenförde, AöR 103, S. 17; Scholz, AöR 105, S. 597 f.; Mengel, EuGRZ 1984, S. 98.

[6] Vgl. BayVerfGHE 8, S. 91 ff. (103); Maunz, M-D-H-S, Rn. 17 zu Art. 44 GG.

III. Bedeutung für die Zulässigkeit von Untersuchungsgegenständen 57

zung ständiger Untersuchungsausschüsse dar, und diese Schranke fehle bei Untersuchungen im eigenen, d. h. legislativen Bereich. Zum Teil wird die Meinung vertreten, Untersuchungsausschüsse könnten auch zur ständigen Kontrolle von Exekutive oder Judikative eingesetzt werden[7]. Das Parlament sei heute nicht mehr auf eine ex-post-Kontrolle beschränkt, sondern übe anerkanntermaßen auch eine mitwirkende Exekutivkontrolle aus. Schließlich regele die Verfassung in Art. 45 a GG selbst einen ständigen Kontrollausschuß. Die herrschende Meinung lehnt ständige Untersuchungsausschüsse mit Exekutiv- oder Judikativkontrollfunktion als mit dem Gewaltenteilungsprinzip unvereinbar ab[8].

Der Untersuchungsausschuß ist ein Sonder- oder Ad-hoc-Ausschuß im Sinne von § 54 Abs. 1 Satz 2 GeschOBT. Dies ergibt sich aus der Formulierung des Art. 44 Abs. 1 Satz 1 GG („hat das Recht und ... die Pflicht ... einzusetzen") im Vergleich zu Art. 45 a Abs. 1 oder 45 c Abs. 1 GG („bestellt"). Diese verfassungsrechtliche Festlegung des Untersuchungsausschusses als Sonderausschuß hat mehr als nur formale Bedeutung. Unter Berücksichtigung der strafgerichtsähnlichen Beweiserhebungsrechte des Art. 44 Abs. 2 Satz 1 GG und der damit verbundenen weitgehenden Eingriffsbefugnisse in Rechte Dritter kommt dieser Festlegung eine eingriffsbegrenzende Funktion zu. Die Einsetzung von ständigen Untersuchungsausschüssen mißachtete diese eingriffsbegrenzende Qualifizierung des Untersuchungsausschusses als Sonderausschuß und wäre daher mit dem Rechtsstaatsprinzip des Art. 20 Abs. 3 GG unvereinbar. Dies gilt auch für Untersuchungen im Bereich der Legislative[9], wobei es dem Bundestag allerdings unbenommen bleibt, außerhalb des Art. 44 GG Gremien zur Selbstkontrolle einzusetzen; diese verfügen jedoch nicht über die Befugnisse aus Art. 44 Abs. 2 Satz 1 GG.

Gegen ständige Kontrollenquêten zur Überwachung von Exekutive oder Jurisdiktion sprechen darüber hinaus Gewaltenteilung und Verfassungsorgantreuepflicht. Die ex-post-Kontrolle durch thematisch begrenzte Untersuchungsausschüsse läßt das Initiativrecht von vollziehender und rechtsprechender Gewalt unangetastet und stellt einen Teil jener zulässigen, ja notwendigen Kontrolle dar, die Inhalt des Gewaltenteilungsprinzips ist. Ein ständiger Untersuchungsausschuß hingegen beeinflußte durch seine Dauerüberwachung bereits den Prozeß der Entscheidungsbildung auf seiten der Betroffenen. Die jeweils Kontrollierten könnten ihr Augenmerk mehr darauf richten, sich gegenüber dem Un-

---

[7] Vgl. Mengel, EuGRZ 1984, S. 98 f.; Becker, DÖV 1964, S. 507; Pietzner, Evangelisches Staatslexikon, Sp. 2672.

[8] Vgl. HessStGH, ESVGH 17, S. 13 ff., BayVerfGHE 8, S. 91 ff.; Maunz, M-D-H-S, Rn. 17 zu Art. 44 GG; Gehrig, Parlament — Regierung — Opposition, S. 287; Kölble, DVBl 1964, S. 705.

[9] Ebenso: Rechenberg, Bonner Kommentar, Rn. 10 zu Art. 44 GG.

58 E. Beschränkung durch Gewaltenteilung und Verfassungsorgantreue

tersuchungsausschuß keine Blöße zu geben, als eine dem Lebenssachverhalt adäquate Entscheidung zu treffen. Dies schlüge sich wiederum auf die Qualität der unter dieser Vorbelastung getroffenen Entscheidungen nieder. Ständige Untersuchungsausschüsse griffen also in das Initiativrecht und damit in den Kernbereich der anderen Gewalten ein. Ein solcher Eingriff steht nicht nur im Widerspruch zum Grundsatz der Gewaltenteilung, sondern verletzt darüber hinaus die dem Bundestag obliegende Verfassungsorgantreuepflicht gegenüber Exekutive bzw. Jurisdiktion. Gegen diese Auffassung kann nicht eingewendet werden, die Verfassungsgeber selbst hätten mit Art. 45 a GG einen ständigen Untersuchungsausschuß geschaffen[10]. Der Verteidigungsausschuß ist eben nur ein ständiger *Kontroll*ausschuß und kein ständiger Untersuchungsausschuß. Will er Untersuchungen mittels der Rechte des Art. 44 Abs. 2 Satz 1 GG durchführen, bedarf es eines besonderen Beschlusses[11]. Daueruntersuchungen darf auch der Verteidigungsausschuß nicht führen.

2. Untersuchungsgegenstände aus dem Bereich der Rechtspflege

Die Grenzen, welche die Gewaltenteilung der parlamentarischen Untersuchung im Verhältnis zur Judikative setzt, werden in den Art. 92, 97 GG verdeutlicht. Art. 97 Abs. 1 GG garantiert den Richtern Unabhängigkeit. Diese ist nur dann gewährleistet, wenn jede Verantwortlichkeit vor anderen Staatsorganen fehlt. Daher ist jedwede exekutivische oder parlamentarische Kontrolle verfassungswidrig, und richterliche Entscheidungen sind einer parlamentarischen Untersuchung entzogen.

Zu beachten ist allerdings, daß dieses Privileg nur zugunsten von Richtern im Sinne von Art. 92 GG gilt[12]. Einem Untersuchungsverfahren sind daher die Entscheidungen nur solcher Gremien entzogen, deren Mitglieder persönliche, sachliche und organisatorische Unabhängigkeit genießen[13]. Andere mit der Rechtspflege befaßte Personen wie z. B. Staatsanwälte, Rechtsanwälte, Notare oder Rechtspfleger können sich nicht auf Art. 97 Abs. 1 GG berufen. Darüber hinaus ist zu berücksichtigen, daß auch Richter im Sinne von Art. 92 GG nur insoweit vor parlamentarischen Untersuchungen geschützt sind, als Entscheidungen betroffen sind, die ihrer Tätigkeit im Rahmen der Rechtsprechung zuzuordnen sind[14]. Zwar ist dies nicht nur bei Urteilen und streitschlichtenden Beschlüssen, sondern auch bei Entscheidungen wie Terminbestim-

---
[10] Vgl. Pietzner, Evangelisches Staatslexikon, Sp. 2672.
[11] Vgl. Maunz, M-D-H-S, Rn. 8 zu Art. 45 a GG.
[12] Vgl. Herzog, M-D-H-S, Rn. 6 zu Art. 97 GG; Trossmann, Parlamentsrecht, S. 440.
[13] Vgl. BVerfGE 4, S. 331 ff. (344 ff.) und oben B. I.
[14] Vgl. Klein, Kommentar zum GG, Rn. 2 zu Art. 97 GG; BVerfGE 31, S. 43 ff. (46).

mungen, Fristsetzungen etc. der Fall, die nur mittelbar der Rechtsfindung dienen. Doch sind richterliche Verfügungen im Bereich von Gerichts- und Justizverwaltungsgeschäften nicht vom Schutz des Art. 97 Abs. 1 GG erfaßt.

Zusammenfassend läßt sich also feststellen: Das Gewaltenteilungsprinzip des Art. 20 Abs. 2 GG in Verbindung mit Art. 97 Abs. 1 GG entzieht nur richterliche Entscheidungen, die zum Bereich der Rechtsprechung gehören, der parlamentarischen Kontrolle. Richterliche Entscheidungen außerhalb dieses Bereichs und Verfügungen anderer mit der Rechtspflege befaßter Personen kommen durchaus als Gegenstand eines Enquêteverfahrens in Betracht.

3. Untersuchungsgegenstände aus dem Bereich von Regierung und Verwaltung

Die Exekutive unterliegt der Kontrolle durch das Parlament. Diese Kontrollbefugnis findet erst dort ihre Schranke, wo in den Kernbereich der exekutivischen Sphäre eingegriffen und deren Tätigkeit behindert wird (vgl. oben II. 1.). Ein solcher Eingriff kann z. B. in einer bestimmten Beweiserhebungsmaßnahme des Untersuchungsausschusses liegen. Daß aber bereits die Einsetzung eines Untersuchungsausschusses zur Klärung eines im Bereich der Exekutive liegenden Untersuchungsgegenstands das Initiativrecht der vollziehenden Gewalt verletzt, ist nur bei ständigen Untersuchungsausschüssen denkbar, deren Zulässigkeit schon oben 1. abgelehnt wurde.

So wird die Zulässigkeit eines Untersuchungsgegenstandes aus dem Bereich der vollziehenden Gewalt in der Regel nicht an Gewaltenteilung und Verfassungsorgantreuepflicht scheitern. Dies gilt sowohl der kontrollierten Exekutive gegenüber als auch im Verhältnis zur Jurisdiktion, deren Verwaltungs- und Verfassungsgerichte gleichfalls zur Exekutivkontrolle berufen sind. Da nämlich die Zielrichtungen von gerichtlicher und parlamentarischer Untersuchung verschiedenartig sind (vgl. oben B. I.), kommt es zu keiner Verletzung des gerichtlichen Funktionsvorbehalts. Davon geht auch Art. 44 Abs. 4 Satz 2 GG aus.

IV. Bedeutung dieser Schranken für den Untersuchungsausschuß selbst

Der Untersuchungsausschuß selbst hat sich jeder quasi-exekutivischen bzw. quasi-justiziellen Handlung zu enthalten, darf also keine Urteile oder Verwaltungsentscheidungen fällen. Darüber hinaus ist ihm jede Maßnahme untersagt, die den unantastbaren Kernbereich der vollziehenden oder rechtsprechenden Gewalt verletzte. Vielmehr ist der

60　E. Beschränkung durch Gewaltenteilung und Verfassungsorgantreue

Ausschuß als Teil des Verfassungsorgans Bundestag verpflichtet, Obstruktionen und Behinderungen anderer Verfassungsorgane durch die Untersuchung soweit wie möglich zu vermeiden und deren Rechte und Interessen zu achten.

Gewaltenteilungsprinzip und Verfassungsorgantreuepflicht als Schranken des Untersuchungsausschusses sind vor allem im Zusammenhang mit zwei Problemkreisen aktuell geworden; diese sollen im folgenden erörtert werden.

1. Die Beschränkung des Untersuchungsausschusses durch Art. 43 Abs. 2 Satz 1 GG

Der erste dieser beiden Problembereiche betrifft das Verhältnis von Art. 44 GG zu Art. 43 Abs. 2 Satz 1 GG. Hierbei geht es um die Frage, inwieweit Untersuchungsausschüsse Mitglieder der Bundesregierung (Art. 62 GG) und deren Beauftragte, d. h. alle Personen, die Erklärungen und Auskünfte für und wider die Bundesregierung abzugeben oder entgegenzunehmen beauftragt sind[15], von ihren Sitzungen auszuschließen berechtigt sind. Eine solche Berechtigung ist nur dann denkbar, wenn die genannten Personengruppen trotz der Regelung des Art. 43 Abs. 2 Satz 1 GG zu der nach Art. 44 Abs. 1 Satz 2 GG ausschließbaren Öffentlichkeit gehörten.

Das Verhältnis von Art. 44 GG und Art. 43 Abs. 2 Satz 1 GG war Gegenstand zahlreicher Rechtsdiskussionen. Im wesentlichen lassen sich drei Auffassungen feststellen: Die Meinung, der Untersuchungsausschuß könne das Zutrittsrecht der Bundesregierung gänzlich ausschließen, vertrat nur Ehmke[16], wobei allerdings unklar ist, ob er sich dabei tatsächlich „de lege lata" und nicht nur „de lege ferenda" äußerte. Häufiger werden vermittelnde Ansichten vertreten (der Zutritt könne nur für *Beratungs*sitzungen und nur gegenüber Personen, die im Laufe des Verfahrens als Zeugen auftreten sollen, verweigert werden[17]; nur bei Schlußberatungen seien Regierungsvertreter ausgeschlossen)[18]. Die ganz überwiegende Meinung ist der Auffassung, Art. 43 Abs. 2 Satz 1 GG lasse keine Einschränkung und schon gar keinen Ausschluß des Zutrittsrechts der Bundesregierung und ihrer Beauftragten zu[19].

---

[15] Vgl. Maunz, M-D-H-S, Rn. 12 zu Art. 43 GG.
[16] Vgl. Ehmke, Verhandlungen des 45. DJT (Karlsruhe, 1964), Bd. II, Teil E, S. 50, These 7 c, Teil E, S. 168.
[17] Vgl. Groß, JR 1963, S. 336.
[18] Vgl. Schnabel, Der parlamentarische Untersuchungsausschuß, S. 131 ff.
[19] Vgl. Maunz, M-D-H-S, Rn. 48 zu Art. 44 GG; Rechenberg, Bonner Kommentar, Rn. 21 zu Art. 44 GG; Versteyl, GG-Kommentar, Rn. 16 zu Art. 44 GG; Frost, AöR 95, S. 71; Stern, Das Staatsrecht der BRD, S. 107; Pietzner, JR 1969, S. 46; Niedersächs. StGH, AöR 83, S. 423 ff.

IV. Bedeutung dieser Schranken für den Untersuchungsausschuß selbst

Die Handhabung in der parlamentarischen Praxis war und ist infolge dieses Meinungsstreits uneinheitlich. Dies gilt nicht nur für die einzelnen Länderparlamente im Vergleich untereinander oder zum Bundestag, sondern auch für den Bundestag selbst. So waren im Guillaume-Untersuchungsausschuß der achten Legislaturperiode Regierungsbeauftragte während des ganzen Verfahrens einschließlich der Schlußberatung zugegen[20]. Im Tornado-Untersuchungsausschuß der neunten Legislaturperiode hingegen hatten Regierungsvertreter nur am Anfang und in der Mitte des Verfahrens Zutritt, nicht aber während der Schlußberatung[21].

Die Problemlösung liegt in der Auslegung des Art. 43 Abs. 2 Satz 1 GG.

a) Wörtliche Auslegung des Art. 43 Abs. 2 Satz 1 GG

Die wörtliche Interpretation dieser Vorschrift spricht für deren uneingeschränkte Geltung auch vor dem Untersuchungsausschuß. Zwar versuchte man verschiedentlich, mittels einer engeren Auslegung des Sitzungsbegriffs zu einer Einschränkung zu kommen. Nur solche Zusammenkünfte des Untersuchungsausschusses dürften danach als „Sitzung" im Sinne von Art. 43 Abs. 2 Satz 1 GG verstanden werden, die keine Beratungen enthielten[22]. Doch vermag diese rein formalistische Unterscheidung von der Sache her nicht zu überzeugen. Der Begriff der „Sitzung" steht lediglich für eine bestimmte äußere Form einer Zusammenkunft, ist aber bezüglich des Verhandlungsgegenstands neutral. Gegenstand einer „Sitzung" kann auch eine Beratung sein[23].

b) Historische Auslegung des Art. 43 Abs. 2 Satz 1 GG

Auch eine historische Auslegung des Art. 43 Abs. 2 Satz 1 GG führt nicht zu einer Einschränkung des Zutrittsrechts vor Untersuchungsausschüssen[24]. Die Regelung des Art. 43 GG war bis auf geringfügige stilistische Abweichungen in Art. 55 HChE enthalten und geht auf die Vorbilder des Art. 9 der Reichsverfassung von 1871 und Art. 33 Abs. 2, 33 Abs. 3 WRV zurück. Eine Beschränkung zugunsten von Untersuchungsausschüssen bestand zu keinem Zeitpunkt.

---

[20] Auskunft der Wissenschaftlichen Abteilung des Deutschen Bundestages vom 22. 4. 82.
[21] Auskunft der Wissenschaftlichen Abteilung des Deutschen Bundestages vom 22. 4. 82.
[22] Vgl. Groß, JR 1963, S. 336.
[23] Ebenso: Pietzner, JR 1969, S. 44.
[24] Vgl. Pietzner, JR 1969, S. 44.

c) Systematische Auslegung des Art. 43 Abs. 2 Satz 1 GG

Ebenfalls gegen eine einschränkende Auslegung vor Untersuchungsausschüssen spricht die Stellung des Art. 43 GG unmittelbar vor der Regelung des Untersuchungsrechts. Es erscheint zumindest nicht abwegig, an diesen gesetzessystematischen Umstand die Vermutung zu knüpfen, daß der Gesetzgeber, hätte er eine Einschränkung gewollt, diese ausdrücklich geregelt haben würde. Für eine gegenteilige Vermutung spricht jedenfalls nichts.

d) Teleologische Auslegung des Art. 43 Abs. 2 Satz 1 GG

Die teleologische Interpretation setzt bei der ratio legis an. Hierbei darf Art. 43 Abs. 2 Satz 1 GG nicht isoliert von dem parlamentarischen Zitier- und Interpellationsrecht des Art. 43 Abs. 1 GG betrachtet werden. Beide Vorschriften sind Ausfluß des in Art. 20 Abs. 2 GG festgelegten Gewaltenteilungsprinzips und der Verfassungsorgantreuepflicht[25]. Wie oben II. dargelegt, sollen durch die Verteilung der Staatsmacht auf drei Gewalten Machtkonzentrationen verhindert werden. Dies darf aber nicht zu Isolation und gegenseitiger Obstruktion von Exekutive, Legislative und Jurisdiktion führen. Vielmehr kann Politik nur dann auf sachliche und gemeinnützige Weise betrieben werden, wenn sich der Kontakt nicht in gegenseitiger Kontrolle erschöpft, sondern auch in Gestalt sinnvoller Zusammenarbeit gepflegt wird. Deshalb verpflichtet die Verfassungsorgantreuepflicht alle Verfassungsorgane zu Kooperation und wechselseitiger Interessenwahrung. Unter diesem Aspekt sind Art. 43 Abs. 1 und 43 Abs. 2 Satz 1 GG zu interpretieren. Diese Regelungen sollen ein Eigenleben von Parlament und Regierung verhindern und zu Kontakt und Zusammenarbeit motivieren. Auf der anderen Seite soll die Wahrnehmung dieser Rechte nicht zu gegenseitiger Blockade und damit zum Eingriff in die von Art. 20 Abs. 2 GG geschützte Sphäre der anderen Gewalt führen.

Da Gewaltenteilungsprinzip und Verfassungsorgantreuepflicht auch für den Untersuchungsausschuß verbindlich sind, hat Art. 43 Abs. 2 Satz 1 GG grundsätzlich auch im parlamentarischen Untersuchungsverfahren Geltung. Eine Einschränkung ihres Zutrittsrechts müßte die Bundesregierung nur insoweit hinnehmen, als dieses Recht im Falle seiner Anwendung vor Untersuchungsausschüssen eine Aushöhlung des in Art. 44 GG garantierten parlamentarischen Untersuchungsrechts bewirkte. Denn dann führte gerade die Anwendung und nicht die Nichtanwendung dieser Vorschrift zu einer Verletzung von Gewaltenteilung und Verfassungsorgantreuepflicht.

---

[25] Vgl. hierzu näher: Pietzner, JR 1969, S. 45 f.

IV. Bedeutung dieser Schranken für den Untersuchungsausschuß selbst

Eine solche Aushöhlung des Art. 44 GG durch Art. 43 Abs. 2 Satz 1 GG wird von Teilen der Literatur bejaht[26]. Häufig wird darauf verwiesen, daß die Anwesenheit von Mitgliedern oder Beauftragten der Bundesregierung dem Vorgehen des Untersuchungsausschusses jeglichen Überraschungseffekt nehme[27]. Zudem könnten Zeugen durch die Anwesenheit ihrer Dienstvorgesetzten in Befangenheit geraten[28]. Diese Argumente sind jedoch nicht stichhaltig. Selbst im Falle einer Kontroll- bzw. Skandalenquête gegen ein Mitglied der Bundesregierung verändert die Anwesenheit des betroffenen Bundesministers den Überraschungseffekt einer gegen ihn gerichteten Beweiserhebung nur unerheblich. Ob der Minister erst durch die Zeugenladung oder das Aktenherausgabeverlangen oder schon durch deren Ankündigung in einer beratenden Sitzung des Untersuchungsausschusses von dessen Beweiserhebungsabsichten erfährt, fällt nicht ins Gewicht. Auch im zweiten Fall bleibt der Regierung in der Regel genügend Zeit, sich auf die Vernehmung oder Aktenvorlage einzustellen. Bezüglich der Gefahr einer Befangenheit des Zeugen ist festzustellen, daß sich gerade in denjenigen Untersuchungsverfahren, die sich gegen Regierungsmitglieder richten, das Anwesenheitsrecht des betroffenen Ministers bereits aus dessen Recht auf rechtliches Gehör ergibt, das — wie oben D. III. 4. b) bb) dargelegt — über die Art. 1 Abs. 1, 2 Abs. 1, 20 Abs. 3 GG auch vor Untersuchungsausschüssen Geltung hat[29]. Darüber hinaus stellt keine dieser möglichen Beeinträchtigungen eine so schwerwiegende Belastung für das Untersuchungsverfahren dar, daß man von einer Aushöhlung des Art. 44 GG und einem Eingriff in die Sphäre der rechtsetzenden Gewalt sprechen könnte[30].

Auch die teleologische Auslegung des Art. 43 Abs. 2 Satz 1 GG führt also nicht zu einer Einschränkung des Zutrittsrechts vor Untersuchungsausschüssen.

2. Beschränkung des Untersuchungsausschusses durch ein strafrechtliches Parallelverfahren

Praktische Bedeutung für das parlamentarische Untersuchungsrecht erlangt das Gewaltenteilungsprinzip des Art. 20 Abs. 2 GG auch dann, wenn — wie z. B. im Fall des sog. Flick-Ausschusses des 10. Deutschen Bundestages — parallel zum Enquêteverfahren eine strafrechtliche

---

[26] Vgl. z. B. Groß, JR 1963, S. 336.
[27] Vgl. Partsch, Verhandlungen des 45. DJT (Karlsruhe, 1964), Bd. I., Teil 3, S. 145 ff.; Pietzner, JR 1969, S. 46.
[28] Vgl. Heinemann, Verhandlungen des 45. DJT (Karlsruhe, 1964), Bd. II, Teil E, S. 58 ff.; Pietzner, JR 1969, S. 46.
[29] Ebenso: Niedersächs. StGH, AöR 83, S. 434.
[30] Ebenso: Pietzner, JR 1969, S. 46.

E. Beschränkung durch Gewaltenteilung und Verfassungsorgantreue

Untersuchung stattfindet. Erörtert wird hier die grundsätzliche Frage, ob eine solche Doppeluntersuchung überhaupt zulässig ist oder ob eines der beiden Verfahren ausgesetzt werden muß[31].

Anlaß zu solchen Erwägungen geben die Probleme, die regelmäßig aus einer solchen Parallelität von gerichtlicher und parlamentarischer Untersuchung erwachsen. Die Doppelbefragung eines Zeugen durch Gericht bzw. Staatsanwalt und Untersuchungsausschuß geht in der Regel zu Lasten der Qualität der zweiten Aussage. Die Kenntnis eines Zeugen vom Inhalt der Aussage anderer Zeugen im Parallelverfahren kann sich ebenfalls negativ auf die Aussagequalität auswirken. Und auch im Rahmen der über die Zeugenvernehmung hinausgehenden Beweiserhebung kommt es zu Konkurrenzproblemen — benötigen doch beide Untersuchungsgremien dieselben Beweismittel.

Wegen dieser Schwierigkeiten fordern insbesondere Stimmen aus dem strafrechtlichen Bereich[32], grundsätzlich das parlamentarische Untersuchungsverfahren bis zur Beendigung der strafrechtlichen Ermittlungen auszusetzen oder zumindest im Rahmen der Beweiserhebung der Staatsanwaltschaft bzw. dem Gericht den Vortritt zu lassen. Als Begründung für diese Privilegierung des Strafverfahrens wird darauf verwiesen, daß qualitativ hochwertige Beweismittel für den Erfolg solcher Verfahren unumgänglich notwendig seien[33]. Zudem spreche die Überlegung, daß Gerichtsverfahren nicht unter den Einfluß politischer Strömungen geraten dürften, für eine solche Lösung[34]. Beide Argumente vermögen nicht zu überzeugen. Zum ersten ist kein vernünftiger Grund ersichtlich, weshalb ein strafrechtliches Ermittlungsverfahren in höherem Maße auf dem Untersuchungszweck dienliche Beweismittel angewiesen sein soll als ein Untersuchungsausschuß. In Wahrheit ist die Effektivität beider Verfahren gleichermaßen von der Güte des Beweismaterials abhängig. Zum zweiten kann es schon wegen der unterschiedlichen Zielsetzung beider Verfahren nicht zu einer „Politisierung" des Strafverfahrens kommen. Dient die strafrechtliche Untersuchung allein dem staatlichen Strafverfolgungsinteresse, so bestimmen lediglich politisch-informatorische Zwecke das Enquêteverfahren. Auf dieser Überlegung beruht ja auch die Vorschrift des Art. 44 Abs. 4 Satz 2 GG. Da der Untersuchungsausschuß als Teilorgan des Bundestages Aufgaben eines höchsten Verfassungsorgans wahrnimmt, kann eine Beschränkung des Untersuchungsverfahrens auch nicht mit dem Hinweis auf das be-

---
[31] Vgl. hierzu vor allem: Dichgans, NJW 1964, S. 958 und Koellreutter, Deutsches Staatsrecht, S. 190 f.
[32] Vgl. die Zitate bei: Koellreutter, Deutsches Staatsrecht, S. 190.
[33] Vgl. Dichgans, NJW 1964, S. 958.
[34] Vgl. Anm. 32 zu Kap. E.

IV. Bedeutung dieser Schranken für den Untersuchungsausschuß selbst

sondere Gewicht des staatlichen Strafverfolgungsinteresses begründet werden. Ebensowenig erfordert der Schutz des Angeklagten eine Aussetzung des Enquêteverfahrens. Wie oben D. III. 4. b) dargestellt wurde, ist er als Betroffener des Untersuchungsverfahrens durch Mitwirkungs- und Schweigerechte vor nachteiligen Auswirkungen der parlamentarischen Untersuchung auf seine Stellung im Strafprozeß geschützt. Eine grundsätzliche Privilegierung des Strafverfahrens läßt sich also verfassungsrechtlich nicht begründen.

Ein Aussetzungszwang könnte sich überhaupt nur aus dem Gewaltenteilungsprinzip ergeben. Beide Verfahren sind gleichrangig. Eine Verpflichtung zur Aussetzung des einen oder anderen Verfahrens ergäbe sich nur dann, wenn nicht nur eine einzelne Verfahrensmaßnahme, sondern die Untersuchung als solche die Effektivität der anderen derart schmälerte, daß damit in die Funktionsfähigkeit der anderen Gewalt eingegriffen würde. Nun erschweren die oben geschilderten Beeinträchtigungen im Rahmen der Beweiserhebung zwar die jeweils benachteiligte Untersuchung. Doch wird die Beweiserhebung dadurch nicht unmöglich gemacht. Auch im übrigen erscheint die Möglichkeit, daß eine Untersuchung als solche die Paralleluntersuchung vereiteln und damit gegen den Gewaltenteilungsgrundsatz verstoßen könnte, aufgrund der soeben ausgesprochenen Verschiedenheit der Verfahrensziele so gut wie ausgeschlossen. Daher ist mit der heute herrschenden Meinung davon auszugehen, daß Art. 20 Abs. 2 GG die Parallelität von strafrechtlicher Untersuchung und parlamentarischer Enquête nicht verbietet und somit auch keine Aussetzungspflicht zu Lasten des einen oder anderen Verfahrens besteht[35].

Näher liegt die Gefahr einer Verletzung des Gewaltenteilungsgrundsatzes dagegen im Rahmen einzelner Beweiserhebungsmaßnahmen. Wie bereits oben angedeutet, sind Staatsanwaltschaft bzw. Strafgericht und Untersuchungsausschuß im Falle der Parallelität ihrer Verfahren auf dieselben Beweismittel angewiesen. Wird nun ein Beweismittel zur gleichen Zeit in beiden Untersuchungsverfahren benötigt, ist zwar aufgrund der Gleichrangigkeit von parlamentarischem und justiziellem Verfahren derjenige Untersuchungsführer erfolgreich, der sein Beweiserhebungsrecht als erster geltend macht. Die damit verbundene Behinderung des anderen Verfahrens stellt keinen Verstoß gegen das Gewaltenteilungsprinzip dar, da sie in Wahrnehmung eigener Rechte geschieht (hier überschneiden sich quasi die Gewaltsphären von Legislative und Jurisdiktion). Doch besteht aufgrund von Art. 20 Abs. 2 GG die Ver-

---

[35] Vgl. Rechenberg, Bonner Kommentar, Rn. 32 zu Art. 44 GG; Giese/Schunck, GG für die BRD, Anm. II 5 zu Art. 44 GG; Jaeger, Staatslexikon, Sp. 639; Thiele, ZBR 1955, S. 77; Groß, DVBl 1971, S. 641.

E. Beschränkung durch Gewaltenteilung und Verfassungsorgantreue

pflichtung, diese Behinderung so gering wie möglich zu halten. Dies bedeutet, daß Beweistermine soweit wie möglich aufeinander abgestimmt werden sollen und dem jeweils anderen Untersuchungsgremium Einsicht in die untersuchungserheblichen Akten gewährt werden muß. Ein Ermessen hinsichtlich der Gewährung von Akteneinsicht, wie z. B. § 147 Abs. 2 StPO es vorsieht, besteht hier nicht[36]. Dies wäre mit dem Gewaltenteilungsgrundsatz unvereinbar.

---

[36] A. A.: LG Bonn, Beschluß der 7. Strafkammer vom 4.1.84 (nicht veröffentlicht; vgl. Südd. Zeitung vom 5. 1. 84).

F. Das Staatssicherheitsprinzip als Schranke des parlamentarischen Untersuchungsrechts

I. Begriffsklärung und verfassungsrechtliche Grundlage für diese Beschränkung

Nach dem Willen der Verfassungsgeber ist die Bundesrepublik Deutschland ein demokratischer, sozialer und bundesstaatlich organisierter Rechtsstaat. Dies besagt Art. 20 GG, dessen grundlegende Bedeutung das Änderungsverbot des Art. 79 Abs. 3 GG hervorhebt. Abgesichert wird dieses Gebot durch die Gewährleistung der — gleichfalls gem. Art. 79 Abs. 3 GG unabänderlichen — Grundrechte und die übrigen Bestimmungen des Grundgesetzes, die allesamt Ausfluß der in Art. 20 GG niedergelegten Prinzipien sind[1]. Die Verwirklichung dieser Prinzipien geschieht dadurch, daß alle drei Staatsgewalten an die Grundsätze des Art. 20 GG gebunden sind und ihre gesamte Tätigkeit nach diesen Maßstäben auszurichten haben.

Doch reichen diese Formen der Absicherung und Verwirklichung der staatstragenden Prinzipien des Art. 20 GG nicht aus. Denn dieses Verfassungsgebot kann nur dann erhalten und in die Tat umgesetzt werden, wenn diese elementaren Verfassungsprinzipien und die staatlichen Institutionen, welche zu deren Verwirklichung berufen sind, vor Angriffen aus dem Staatsinneren oder von außen geschützt und damit am Leben erhalten werden. Deshalb ergibt sich aus der Existenz unseres Rechtsstaats zusammen mit dem Verfassungsgebot des Art. 20 GG die Erforderlichkeit des Schutzes aller lebenswichtigen Staatsinteressen und die Verpflichtung der Staatsorgane zur Abwehr von auf diese essentiellen Belange gerichteten Angriffen. Dabei sind unter lebenswichtigen Staatsinteressen all diejenigen Verfassungsprinzipien und Staatsinstitutionen zu verstehen, die für das Bestehen unseres Staates in der Form, wie ihn die Verfassungsgeber in Art. 20 GG umrissen haben, unerläßlich sind[2]. Als Beispiele seien die Struktur der Bundesrepublik Deutschland als Bundesstaat, die Funktionsfähigkeit von Verfassungsorganen wie z. B. der Bundesregierung, die repräsentative Demokratie und das Gewaltmonopol des Staates genannt.

---

[1] Vgl. Herzog, M-D-H-S, Rn. 7 ff., 25 zu Art. 20 GG, I. Abschnitt.
[2] Vgl. die Definition bei: Scholz, AÖR 105, S. 612.

68   F. Das Staatssicherheitsprinzip als Schranke des Untersuchungsrechts

Zahlreiche grundgesetzliche Regelungen sind Ausdruck dieses Verfassungsprinzips der Staatssicherheit: So dienen der Aufbau von Streitkräften gemäß Art. 87 a GG und die in Art. 12 a GG festgesetzte Wehrpflicht der Bewahrung des Staates vor einem kriegerischen Angriff von außen. Das Verbot verfassungswidriger Organisationen in Art. 9 Abs. 2, 21 Abs. 2 GG und die Einrichtung des Bundeszwangs in Art. 37 GG sollen die essentiellen Belange unseres Gemeinwesens vor Angriffen aus dem Inneren schützen. Und schließlich sind die Art. 10 Abs. 2 Satz 2, 11 Abs. 2, 91 und 115 a ff. GG zu nennen.

Als höchstes Staatsorgan ist auch der Bundestag an das Staatssicherheitsprinzip gebunden. Nach der Korollartheorie gilt dies auch insoweit, als er von seinem Untersuchungsrecht Gebrauch macht[3]. Im Bereich der parlamentarischen Enquêten spielt diese Bindung vor allem im Zusammenhang mit der Frage des exekutivischen Geheimnisschutzes gegenüber dem Untersuchungsausschuß eine Rolle.

II. Die Beschränkung des Aktenvorlage- und Zeugenbeweiserhebungsrechts nach den §§ 54, 96 StPO in Verbindung mit Art. 44 Abs. 2 Satz 1 GG

Die Frage, inwieweit die §§ 54, 96 StPO die Beweiserhebungsrechte der Untersuchungsausschüsse beschränken, ist wohl das heftigst umstrittene Problem des Untersuchungsrechts[4]. Abgesehen von der Vielfalt verschiedenster Auffassungen in der Literatur herrscht auch in der Praxis weitgehend Ratlosigkeit und Rechtsunsicherheit bezüglich der Anwendung dieser Vorschriften auf das Untersuchungsverfahren.

Zur Weimarer Zeit vertrat der überwiegende Teil der Literatur die Auffassung, nicht § 96 StPO, sondern nur § 54 StPO sei auf parlamentarische Untersuchungen anwendbar[5]. Diese Meinung wurde damit begründet, daß Art. 34 Abs. 2 WRV das Aktenverschaffungsrecht der Untersuchungsausschüsse ausdrücklich erwähnte. Man glaubte deshalb, nicht auf § 96 zurückgreifen zu dürfen. Die damit geschaffene Umgehungsmöglichkeit des § 54 StPO, d. h. der Widerspruch zwischen der Anwendung dieser Vorschrift und der Ablehnung des § 96 StPO, wurde

---

[3] Vgl. oben B. III. 2.

[4] Vgl. hierzu vor allem: Scholz, AÖR 105, S. 564 ff.; Mengel, EuGRZ 1984, S. 97 ff.; Seibert, NJW 1984, S. 1001 ff.; Ehmke, DÖV 1956, S. 417 ff.; Fenk, ZBR 1971, S. 46 ff.; Keßler, AÖR 88, S. 313 ff.; Maunz, M-D-H-S, Rn. 57 zu Art. 44 GG; Schneider, Antragsschrift, S. 39 ff.; Schröder, Antragsschrift, S. 1 ff.; Stern, AÖR 109, S. 199 ff.

[5] Vgl. z. B. Albert, Untersuchungsausschüsse, S. 45 f.; Heck, Das parlamentarische Untersuchungsrecht, S. 60.

II. Sinngemäße Anwendung der §§ 54, 96 StPO auf Untersuchungsverfahren

als bedauerliches Redaktionsversehen des Gesetzgebers gewertet[6]. Dieses Argument für eine unterschiedliche Behandlung der §§ 54, 96 StPO ist heute mangels einer ausdrücklichen Erwähnung des Aktenverschaffungsrechts in Art. 44 GG hinfällig geworden. Die Tatsache, daß beide Vorschriften die gleiche Aufgabe haben, nämlich die Gewährleistung des Schutzes exekutivischer Geheimhaltungsinteressen, und daß eine unterschiedliche Behandlung stets zur Umgehung der einen durch die andere Regelung führte, spricht für eine einheitliche Behandlung der §§ 54, 96 StPO[7].

Die sinngemäße Anwendung dieser Regelungen, wie sie Art. 44 Abs. 2 Satz 1 GG vorschreibt, kann also nur in einer Gleichbehandlung gefunden werden, d. h.: Entweder sind beide Vorschriften in vollem Umfang anzuwenden, nur in abgewandelter Form zu akzeptieren oder als für Untersuchungsverfahren gänzlich unbrauchbar abzulehnen. Welche dieser Möglichkeiten dem parlamentarischen Untersuchungsverfahren „sinngemäß" ist, kann nur anhand der Verfassung geklärt werden. Maßstäbe hierfür sind die Schranken, die das Grundgesetz dem Untersuchungsausschuß setzt. Allein diese sind geeignet, seine Befugnisse einzuengen (vgl. oben C. I. 1. a) aa))[8].

Daraus ergibt sich zunächst, daß die Frage, ob ein Aktenherausgabe- bzw. Zeugenbeweiserhebungsverlangen des Untersuchungsausschusses abgelehnt werden darf, eine Rechts- und keine Ermessensentscheidung sein kann. Insoweit, als die §§ 54, 96 StPO der Exekutive ein diesbezügliches Ermessen einräumen, kommt eine Anwendung dieser Vorschriften daher nicht in Betracht. Vielmehr ist von einer grundsätzlichen Vorlage- bzw. Genehmigungspflicht gegenüber Untersuchungsausschüssen auszugehen, die ihre Schranken erst dort findet, wo die Verfassung dem Untersuchungsausschuß gegenüber Regierung und Verwaltung Grenzen setzt[9].

Als Schranken sind hier die Grundrechte (dazu oben D. III. 2.), das Gewaltenteilungsprinzip in Verbindung mit der Verfassungsorgantreuepflicht und das Staatssicherheitsprinzip zu berücksichtigen. Es stellt sich also die Frage, an welcher Stelle diese Schranken der Genehmigungspflicht der Exekutive ein Ende setzen und diese zur Geheimhaltung auch gegenüber Untersuchungsausschüssen berechtigen. Inwieweit Grund-

---

[6] Vgl. Albert, Untersuchungsausschüsse, S. 45 f.; Heck, Das parlamentarische Untersuchungsrecht, S. 60.
[7] Ebenso: Ehmke, DÖV 1956, S. 418; Keßler, AÖR 88, S. 320; Maunz, M-D-H-S, Rn. 57 zu Art. 44 GG; Scholz, AÖR 105, S. 587, 612 f.
[8] Vgl. Anm. 6 zu Kapitel C.
[9] Ebenso: BVerfG, DÖV 1984, S. 756; Schneider, Antragsschrift, S. 47; Wesel, Antragsschrift, S. 12; Scholz, AÖR 105, S. 613; Rechenberg, Bonner Kommentar, Rn. 26 zu Art. 44 GG.

rechte der Exekutive eine solche Befugnis einräumen können, wurde bereits oben D. III. 2. im Zusammenhang mit § 30 AO dargelegt. Gewaltenteilung und Verfassungsorgantreuepflicht könnten das Recht des Untersuchungsausschusses auf Aktenvorlage und Beamtenaussage insoweit einschränken, als eine solche Auskunftserteilung zu einer schweren Gefährdung, einer nicht völlig unerheblichen Beeinträchtigung oder sogar Vereitelung einer Verwaltungs- oder Regierungsmaßnahme führte. Dann nämlich wäre die Funktionsfähigkeit und damit der Kernbereich exekutivischer Tätigkeit geschädigt und die Pflicht des Untersuchungsausschusses zur Respektierung der Interessenssphäre der vollziehenden Gewalt verletzt. Davon unabhängig könnten Aktenvorlage und Beamtenaussage auch dann verweigert werden, wenn die Preisgabe der betreffenden Information die lebenswichtigen Interessen von Staat und Verfassung gefährdete oder verletzte[10]. Dies ergibt sich aus dem — oben I. erläuterten — Staatssicherheitsprinzip. Oft wird bei einer Gefährdung der Staatssicherheit zugleich auch ein Verstoß gegen das Gewaltenteilungsprinzip vorliegen. Dies ist dann der Fall, wenn es um Regierungsmaßnahmen geht, die vitale Staatsinteressen berühren.

Dabei ist jedoch folgender Unterschied zum Problem des Privatgeheimnisschutzes festzustellen: Der absolute grundrechtliche Schutz von Privatgeheimnissen (vgl. hierzu oben D. III. 2. zu § 30 AO) verbietet jegliche Weitergabe der Information. Da es sich um ein Geheimnis des einzelnen Bürgers handelt, liegt bereits in der Auskunftserteilung an *eine* weitere Person eine Grundrechtsverletzung. Auch die Informierung von Mitgliedern eines Untersuchungsausschusses stellt daher eine grundrechtswidrige Erweiterung des Geheimnisträgerkreises dar, so daß deren Verschwiegenheitspflicht (vgl. § 203 Abs. 2 Nr. 4 StGB) und Geheimschutzmöglichkeiten nicht ins Gewicht fallen (diese spielen erst im Rahmen nicht mehr absolut geschützter Grundrechtspositionen eine Rolle; vgl. oben D. III. 2.). Dagegen ist das Staatsgeheimnis zum Zwecke der Wahrung des exekutivischen Initiativrechts bzw. der Staatssicherheit nicht das Geheimnis eines einzelnen. Hier liegt der Geheimnisschutz im Interesse des gesamten Staatsapparates, der ohne eine funktionstüchtige Exekutive bzw. ohne den Schutz lebenswichtiger Staatsinteressen Schaden erlitte. Deshalb liegt in der Auskunftserteilung an den in gleichem Maße wie die Exekutive an Gewaltenteilung und Staatssicherheit interessierten und diesen Prinzipien verpflichteten Untersuchungsausschuß grundsätzlich keine Verletzung des Geheimnisschutzgebotes. Die Information bleibt ja im Bereich des Staatsapparates und damit des Schutzobjektes der Geheimniswahrung[11].

---

[10] Mit dieser Begründung verweigerte die Bundesregierung dem sog. Rauschenbach-Untersuchungsausschuß des 9. Deutschen Bundestags die Akteneinsicht; vgl. Schröder, Antragsschrift, S. 1 ff.

II. Sinngemäße Anwendung der §§ 54, 96 StPO auf Untersuchungsverfahren 71

Eine Verletzung von Gewaltenteilungs- und Staatssicherheitsprinzip kann eine Informierung des Untersuchungsausschusses durch die Exekutive also nur dann bewirken, wenn die betreffende Auskunft durch die Weitergabe an den Untersuchungsausschuß auch Dritten außerhalb des Ausschusses zu Ohren kommt. Doch stehen dem Untersuchungsausschuß Mittel zur Verfügung, welche die Möglichkeit einer solchen Publizierung so gut wie vollkommen ausschließen[12]: So kann der Untersuchungsausschuß gemäß Art. 44 Abs. 1 Satz 2 GG die Öffentlichkeit von allen Ausschußsitzungen ausschließen und von der Veröffentlichung des Schlußberichts absehen; der Bundestag kann nach § 69 Abs. 2 Satz 2 GeschOBT das Zutrittsrecht für den einzelnen Untersuchungsausschuß auf die ordentlichen Mitglieder und deren namentlich benannte Stellvertreter beschränken, und schließlich kann der Untersuchungsausschuß die betreffende Akte bzw. Aussage und die Beratungen hierüber zu Verschlußsachen im Sinne von § 1 Abs. 2 der Geheimschutzordnung des Bundestages erklären (vgl. § 69 Abs. 7 GeschOBT i. V. m. § 7 Abs. 1 Satz 1 Geheimschutzordnung des Bundestages). Bei entsprechender Gefahr ist der Untersuchungsausschuß bzw. Bundestag aufgrund des Art. 20 Abs. 2 GG in Verbindung mit der Verfassungsorgantreuepflicht bzw. des Staatssicherheitsprinzips sogar zu diesen Maßnahmen verpflichtet[13].

Die Beeinträchtigung einer Regierungs- bzw. Verwaltungsmaßnahme oder die Verletzung lebenswichtiger Staatsinteressen durch eine Aktenvorlage oder Aussage vor dem Untersuchungsausschuß scheidet daher nahezu aus. Lediglich das minimale Risiko, daß doch einmal eine Information durch das Sicherheitsnetz schlüpft und so an die Öffentlichkeit gelangt, verbleibt. Diese minimale Indiskretionsgefahr ist mit dem Gewaltenteilungsprinzip des Art. 20 Abs. 2 GG und der Verfassungsorgantreuepflicht des Untersuchungsausschusses vereinbar. Schließlich ist ja auch der Exekutivapparat nicht gegen Indiskretionen im eigenen Haus gefeit. Daher darf die Exekutive die Aktenvorlage bzw. Beamtenaussage nicht mit dem Hinweis auf Gewaltenteilung und Verfassungsorgantreuepflicht verweigern, sondern lediglich verlangen, daß Untersuchungsausschuß und Bundestag von ihren Geheimhaltungsmöglichkeiten Gebrauch machen[14].

---

[11] Vgl. Linck, DÖV 1983, S. 962 f.; Schröder, Antragsschrift, S. 17 f.
[12] Vgl. hierzu Trossmann, Festschrift, S. 31 ff.
[13] Ebenso: BVerfG, DÖV 1984, S. 757. Kritisch: Stern, AÖR 109, S. 292 ff.
[14] Ebenso — wenn auch mit anderer Begründung: Mengel, EuGRZ 1984, S. 101 f.; Fenk, ZBR 1971, S. 50 f. A. A.: BVerfG, DÖV 1984, S. 757, das eine Aktenverweigerung mit dieser Begründung „unter ganz besonderen Umständen" für zulässig hält, und Stern, AÖR 109, S. 239 f., welcher der Exekutive auch gegenüber Untersuchungsausschüssen grundsätzlich einen Arkanbereich einräumt.

72   F. Das Staatssicherheitsprinzip als Schranke des Untersuchungsrechts

Anderes muß gelten, soweit das Staatssicherheitsprinzip von einer Information betroffen sein könnte. Gefährdete oder verletzte die Veröffentlichung des Inhalts einer Akte oder Aussage lebenswichtige Interessen von Staat und Verfassung, so wiegt das Indiskretionsrisiko — mag es auch aufgrund der Geheimschutzmöglichkeiten des Untersuchungsausschusses noch so gering sein — schwerer. Da es hier um den Schutz der höchsten und wertvollsten Staats- und Verfassungsbelange geht, hätte eine Veröffentlichung durch einen Fehler im Sicherheitsnetz ungleich gravierendere Folgen. In diesem Fall ist schon die Eingehung dieses geringen Indiskretionsrisikos mit dem Staatssicherheitsprinzip unvereinbar. Auf die Gefährdung dieses Verfassungsgrundsatzes kann die Exekutive also eine Verweigerung der Aktenvorlage bzw. Beamtenaussage vor dem Untersuchungsausschuß stützen[15].

Dies darf nun aber nicht dazu führen, daß die Exekutive mit dem schlichten Hinweis auf das Staatssicherheitsprinzip jedes Auskunftsverlangen des Untersuchungsausschusses blockieren könnte. Zur Vermeidung einer solchen Obstruktion versuchten daher Teile der Literatur[16], dem Untersuchungsausschuß in Analogie zu den §§ 28 Abs. 2 Satz 2 BVerfGG, 99 Abs. 2 Satz 1 VwGO ein Überstimmungsrecht der dort festgelegten Art einzuräumen oder dieses direkt aus Art. 44 Abs. 1 Satz 1 GG abzuleiten. Dagegen spricht zweierlei: Zum ersten entschiede bei Bejahung eines solchen Überstimmungsrechts eine Stelle über eine Auseinandersetzung, in der sie selbst Partei ist. Und zum zweiten lassen sich die Befürchtungen, die zur Erwägung solch weitreichender Analogien Anlaß geben, auch auf milderem Wege beseitigen. Eine Verweigerung der Exekutive muß außer der soeben geschilderten materiellrechtlichen Anforderung auch gewisse formelle Voraussetzungen erfüllen. Schon im Rahmen der direkten Anwendung der §§ 54, 96 StPO ist eine Versagung so zu begründen, daß geprüft werden kann, ob Willkür oder Mißbrauch und damit ein Verstoß gegen das verfassungsrechtliche Gebot eines fairen Verfahrens vorliegt[17]. Um so mehr muß dies für ein parlamentarisches Untersuchungsverfahren gelten, dessen verfassungsrechtliche Funktion jegliches Ermessen der Exekutive bei der Entscheidung über Genehmigung und Versagung ausräumt und dieser eine grundsätzliche Genehmigungspflicht auferlegt. Nur eine substantiierte Ablehnung mit eingehender Begründung ist also für den Untersuchungs-

---

[15] Im Ergebnis ebenso: Fenk, ZBR 1971, S. 51; Wesel, Antragsschrift, S. 12 f.; Scholz, AÖR 105, S. 611 f., 614. A. A.: Mengel, EuGRZ 1984, S. 103. Vgl. auch Badura, DÖV 1984, S. 763.

[16] Vgl. Friesenhahn, VVDStRL 16, S. 73; Keßler, AÖR 88, S. 323 f.

[17] Vgl. BVerfG, NJW 1981, S. 1719 ff. (1725); OLG Hamburg, NJW 1982, S. 297 ff. (298); BGH, NJW 1980, S. 464 ff. (465); Kleinknecht, StPO, Rn. 9 zu § 54 u. Rn. 4 zu § 96 StPO.

ausschuß verbindlich[18]. Ihre Grenze findet diese Begründungspflicht wiederum am Staatssicherheitsprinzip, könnte doch anderenfalls der Zweck einer Informationsverweigerung durch deren allzu ausführliche Erläuterung vereitelt werden. Dennoch ist der Exekutive anzuraten, in der Begründung bis an die Grenze des Vertretbaren zu gehen. Denn aufgrund des Charakters des parlamentarischen Untersuchungsrechts als Exekutivkontrollrecht und der daraus abgeleiteten grundsätzlichen Genehmigungspflicht besteht eine Vermutung gegen die Rechtmäßigkeit der Versagung. Dies hat zur Folge, daß im Zweifel darüber, ob die Begründung den dargestellten Anforderungen entspricht, von deren Unverbindlichkeit auszugehen ist. Bei fehlender oder mangelhafter Begründung bleibt die Aktenherausgabe- bzw. Aussagegenehmigungspflicht der Exekutive bestehen, und der Untersuchungsausschuß kann sich durch Gebrauch von Zwangsrechten oder ein Organstreitverfahren vor dem Bundesverfassungsgericht sein Recht verschaffen[19].

Bleibt auch aufgrund dieses Ergebnisses vom materiell-rechtlichen Regelungsinhalt der §§ 54, 96 StPO wenig übrig, so enthalten diese Vorschriften doch einen Verfahrensvorbehalt, den auch Untersuchungsausschüsse gegen sich gelten lassen müssen[20]. Zum einen legen sie fest, daß eine Aktenvorlage bzw. Beamtenaussage grundsätzlich der vorherigen Genehmigung bedarf. Und zum anderen erklären sie exekutivische Behörden für diese Genehmigung für zuständig. Sinn und Zweck dieses Verfahrensvorbehalts liegen vor allem in beamtenrechtlichen Gesichtspunkten: Die beamtenrechtliche Fürsorgepflicht verpflichtet den Dienstherrn, seine Beamten vor der inneren Konfliktsituation zu bewahren, die eine selbständige Entscheidung über das Auskunftsverlangen des Untersuchungsausschusses mit sich brächte[21]. Dies ergibt sich zum einen aus der Schwierigkeit und weitreichenden Bedeutung der Entscheidung über das Auskunftsverlangen des Untersuchungsausschusses. Und zum anderen ist die disziplinarrechtliche und strafrechtliche Sanktionierung der Verschwiegenheitspflicht (vgl. § 353 b StGB) zu berücksichtigen. Allein die Genehmigung seiner vorgesetzten Stelle versetzt den Beamten in die Lage, befreit von diesen inneren Konflikten eine brauchbare Auskunft zu erteilen. Dies liegt nicht nur in seinem Interesse, sondern auch im Interesse des Untersuchungsausschusses. Da die beamtenrechtliche Fürsorgepflicht des Dienstherrn als hergebrachter Grundsatz des Berufsbeamtentums gemäß Art. 33 Abs. 5 GG Verfassungsrang hat, muß

---
[18] Ebenso: Klein, Kommentar zum GG, Rn. 8 zu Art. 44 GG; Schröder, Antragsschrift, S. 20 ff.; Fenk, ZBR 1971, S. 52.
[19] Vgl. hierzu näher: Jekewitz, DÖV 1984, S. 187 ff.
[20] Ebenso: Schneider, Antragsschrift, S. 47; Scholz, AÖR 105, S. 614 f.; Wesel, Antragsschrift, S. 12.
[21] Ebenso: Fenk, ZBR 1971, S. 46 f.; Scholz, AÖR 105, S. 615.

auch der Untersuchungsausschuß gemäß Art. 20 Abs. 3 GG diesen Verfahrensvorbehalt respektieren.

Schließlich ist noch anzumerken, daß diese Darlegungen nicht nur für eine sinngemäße Anwendung der §§ 54, 96 StPO Bedeutung haben. Vielmehr gelten diese Grundsätze auch dann, wenn der Untersuchungsausschuß die Aktenvorlage bzw. Beamtenaussage nicht durch Geltendmachung seiner Beweiserhebungsrechte, sondern im Rahmen seines Anspruchs auf Amtshilfe nach Art. 44 Abs. 3 GG verlangt.

G. Bundesstaatsprinzip und kommunales Selbstverwaltungsrecht als Schranken des parlamentarischen Untersuchungsrechts

I. Verbindlichkeit dieser Grundsätze für das parlamentarische Untersuchungsrecht

Art. 79 Abs. 3 GG stellt klar, daß auch die Legislative an das in Art. 20 Abs. 1 GG festgelegte Bundesstaatsprinzip gebunden ist, und Art. 28 Abs. 2 GG verbietet durch die Garantie des kommunalen Selbstverwaltungsrechts Eingriffe in den Kernbereich der Kommunalhoheit nicht nur von seiten der Exekutive und Jurisdiktion, sondern auch seitens des Bundestages[1]. Nach der Korollartheorie gelten diese Beschränkungen auch insoweit, als das Parlament von seinem Untersuchungsrecht Gebrauch macht[2]. Damit sind Bundesstaatsprinzip und kommunales Selbstverwaltungsrecht sowohl vom Bundestag im Rahmen der rechtlichen Überprüfung des Untersuchungsantrags als auch vom Untersuchungsausschuß im Rahmen des Untersuchungsverfahrens zu beachten.

II. Bedeutung dieser Schranken für die Frage der Zulässigkeit von Untersuchungsgegenständen

Der Bundestag darf den Staatsorganen der Länder oder der kommunalen Selbstverwaltung vorbehaltene Materie grundsätzlich nicht zum Gegenstand seiner Untersuchungen machen[3].

1. Unmittelbare Untersuchung von Ländermaterie

Daher ist die unmittelbare Untersuchung des Verhaltens einer Landesregierung oder eines Landtags durch den Bundestag prinzipiell unzulässig. Dies gilt auch, wenn es um Vorgänge im Bundesrat geht. Zwar ist der Bundesrat Bundesorgan; doch unterliegt er keiner Aufsicht oder Kontrolle durch den Bundestag.

Lediglich unter den engen Voraussetzungen des Art. 28 Abs. 3 GG läßt das Grundgesetz eine Ausnahme zu. Danach hat „der Bund" die Einhal-

---

[1] Vgl. Hamann / Lenz, Kommentar zum GG, Anm. B 5 b zu Art. 28 GG.
[2] Vgl. oben B. III. 2.
[3] Vgl. Maunz, M-D-H-S, Rn. 16 zu Art. 44 GG; Hamann / Lenz, Kommentar zum GG, Anm. B 1 zu Art. 44 GG; Achterberg, Parlamentsrecht, S. 58; Scholz, AÖR 105, S. 597.

tung der Grundrechte und der in den Art. 28 Abs. 1, 28 Abs. 2 GG festgelegten Grundsätze durch die verfassungsmäßige Ordnung der Länder zu gewährleisten. Die Vorschrift ordnet diese Aufgabe keinem bestimmten Bundesorgan zu, so daß auch der Bundestag als oberstes Bundesorgan Adressat dieser Verpflichtung ist. Zur Vorbereitung entsprechender Beschlüsse kann der Bundestag einen Untersuchungsausschuß einsetzen, der die verfassungsmäßige Ordnung der Länder, also eigentlich den Landtagen vorbehaltene Materie, untersucht[4].

Ein Recht des Bundestages, sich unmittelbar mit Ländermaterie zu befassen, wird von Teilen der Literatur über Art. 28 Abs. 3 GG hinaus aus der Stellung des Bundestages als Forum der deutschen Nation abgeleitet[5]. Jeder Gegenstand der Ländermaterie kann nach dieser Auffassung von einem Bundestagsuntersuchungsausschuß untersucht werden, wenn er nur von gesamtgesellschaftlichem öffentlichen Interesse ist. Zwar ist es richtig, das Untersuchungsrecht als Korollar auch der aus der Repräsentationsfunktion erwachsenden Aufgabe des Parlaments zu sehen[6] (vgl. oben B. II.). Aber auch die einzelnen Landtage repräsentieren das Volk ihres jeweiligen Staates. Auch sie sind das für ihr Land zuständige politische Forum. Ihnen das aus dieser Funktion erwachsende Untersuchungsrecht zugunsten des Bundestages zu entziehen, bedeutete — und dies ist unstreitig — einen Verfassungsverstoß. Um dieser Schwierigkeit aus dem Weg zu gehen, nehmen die Vertreter dieser Auffassung eine Doppelzuständigkeit von Bundestag und Landtag an[7]. Diese Lösung begegnet jedoch Bedenken. Zum ersten ist eine Doppelzuständigkeit zweier originärer Staatsgewalten unserem Föderativsystem, dessen wesentlicher Inhalt gerade die eindeutige Kompetenzverteilung zwischen Bund und Ländern ist, fremd. Zum zweiten kann die Bejahung einer solchen Doppelzuständigkeit zu Doppelbelastungen von mit dem Untersuchungsgegenstand verwickelten Bürgern führen. Eine solche Doppelbelastung wäre aber mit dem Verhältnismäßigkeitsprinzip des Art. 20 Abs. 3 GG nicht zu vereinbaren. Da nämlich — anders als bei einer Konkurrenz von strafrechtlicher und parlamentarischer Untersuchung — beide Verfahren den gleichen Zweck verfolgen, fehlt es hier an der Erforderlichkeit einer der Materie ferner stehenden Bundesuntersuchung.

---

[4] Ebenso: Kölble, DVBl 1964, S. 702.
[5] Vgl. Dichgans, NJW 1964, S. 958; Kölble, DVBl 1964, S. 703.
[6] Vgl. hierzu Halstenberg, Verfahren der parlamentarischen Untersuchungsausschüsse, S. 47, der diese Repräsentationsfunktion des Parlaments zwar nicht bestreitet, dem Bundestag in diesen Fällen aber die Befugnis zum Einsatz von Rechtszwang gegen Bürger abspricht.
[7] Vgl. Dichgans, NJW 1964, S. 958; Kölble, DVBl 1964, S. 705.

II. Bedeutung für die Zulässigkeit von Untersuchungsgegenständen 77

Schließlich wird die Ansicht vertreten, dem Bundestag stehe über seine Kompetenz zur Verfassungsänderung nach den Art. 79 Abs. 1 Satz 1, 77 Abs. 1 Satz 1 GG das Recht zu, sich im Rahmen der Vorbereitung einer Änderung der Kompetenzverteilung zwischen Bund und Ländern unmittelbar mit Ländermaterie zu befassen[8]. Diese Auffassung verkennt, daß in einem solchen Falle nur die grundgesetzliche Kompetenzregelung, nicht aber durch diese Regelung den Ländern zugewiesene Materie den unmittelbaren Untersuchungsgegenstand bildet[9].

2. Mittelbare Untersuchung von Ländermaterie

Nun kann aber Ländermaterie auch auf mittelbarem Wege vor einen Bundestagsuntersuchungsausschuß geraten. Dies ist immer dann der Fall, wenn ein Gegenstand der Bundesmaterie nur dadurch erschöpfend untersucht werden kann, daß die Aufklärungsarbeit auf „dahinterstehende" Ländermaterie erstreckt wird. Solange der Untersuchungsausschuß die aus solchen mittelbaren Untersuchungen gewonnenen Erkenntnisse nur als Beweismaterial für das Bundesmaterie betreffende Untersuchungsergebnis einsetzt und keiner Bewertung im Schlußbericht unterzieht, liegt kein Verstoß gegen Art. 20 Abs. 1 GG vor. Eine solche mittelbare Untersuchung müssen die Länder dulden.

So ist eine Regierungskontrollenquête des Bundestages denkbar, die untersucht, ob die Bundesregierung zu Recht die Erhebung einer Organklage nach Art. 93 Abs. 1 Nr. 3 GG, §§ 13 Nr. 7, 68 BVerfGG gegen ein eines Bundestreuepflichtverstoßes bezichtigtes Land erhoben oder unterlassen hat[10]. Unmittelbar wird hier das Verhalten der Bundesregierung, mittelbar das Verhalten einer Landesregierung oder eines Landtags untersucht. Ebenso kann ein Untersuchungsverfahren das Vorgehen gegen die Bundesregierung wegen Nichterfüllung ihrer aus Art. 37 oder 91 Abs. 2 GG erwachsenden Pflichten vorbereiten[11]. Auch hier muß mittelbar das jeweilige Landesverhalten untersucht werden. Gleichfalls mit einer solchen mittelbaren Untersuchung von Ländermaterie verbunden ist die Untersuchung der Bundesaufsicht über die Bundesauftragsverwaltung der Länder nach Art. 85 Abs. 3 Satz 1 GG. Früher war man zum Teil noch der Auffassung, die Korollartheorie gestatte hier eine unmittelbare Untersuchung der Länderverwaltung[12]. Dies wurde aber von der inzwischen herrschenden Reflextheorie richtig-

---

[8] Vgl. Kölble, DVBl 1964, S. 702, 704.
[9] Ebenso: Hamann / Lenz, Kommentar zum GG, Anm. B 1 zu Art. 44 GG.
[10] Ebenso: Pietzner, Evangelisches Staatslexikon, Sp. 2672.
[11] Ebenso: Kölble, DVBl 1964, S. 704.
[12] Vgl. Cordes, Untersuchungsausschüsse, S. 34.

gestellt[13]. Korollar der parlamentarischen Kompetenz zur Kontrolle der Aufsicht der Bundesregierung ist das Recht zur Untersuchung dieser Aufsicht, nicht aber der zu beaufsichtigenden Ländertätigkeit. Diese ist nur mittelbarer Untersuchungsgegenstand. Dasselbe gilt für Enquêten, welche die Bundesaufsicht nach Art. 84 Abs. 3 Satz 1 GG betreffen[14].

3. Unmittelbare und mittelbare Untersuchung von kommunalen Angelegenheiten

Aus der Beschränkung des Bundestages durch das in Art. 28 Abs. 2 GG garantierte gemeindliche Selbstverwaltungsrecht ist die gesamte, den eigenen Wirkungskreis der Gemeinde betreffende Materie der unmittelbaren Untersuchung durch einen Bundestagsuntersuchungsausschuß entzogen[15]. Dagegen sind mittelbare Bundestagsuntersuchungen zulässig, wenn diese zur Aufklärung eines zur Bundesmaterie gehörigen Untersuchungsgegenstands erforderlich sind und die Beweisergebnisse nicht im Schlußbericht bewertet werden[16]. Hier sind etwa Fälle vorstellbar, in denen eine Gemeinde sich verfassungswidrig verhält, das Land seine Rechtsaufsichtspflicht nicht erfüllt, die Bundesregierung wegen dieses Aufsichtspflichtverstoßes vor dem Bundesverfassungsgericht klagen oder gar nach Art. 37 GG vorgehen müßte, dies aber unterläßt, und dieses Unterlassen durch einen Bundestagsuntersuchungsausschuß untersucht wird.

Aber auch das den übertragenen Wirkungskreis betreffende Verhalten von Kommunalbehörden kann nicht unmittelbarer Untersuchungsgegenstand sein. Denn auch insoweit fehlt es dem Bundestag an den notwendigen Aufsichts- oder Kontrollrechten, die grundsätzlich dem jeweiligen Land zustehen[17]. Hier liegt allerdings die Möglichkeit von mittelbaren Untersuchungen näher. So ist zusätzlich zu den soeben geschilderten ausgefalleneren Fällen an die Untersuchung der Aufsicht der Bundesregierung nach Art. 84 Abs. 3 Satz 1, 85 Abs. 3 Satz 1 GG zu denken, die auch Gemeinden betreffen kann, wenn diese Bundesgesetze für das jeweilige Land ausführen.

---

[13] Vgl. Maunz, M-D-H-S, Rn. 16 zu Art. 44 GG; Böckenförde, AÖR 103, S. 25; Lewald, AÖR 44, S. 299; Lässig, DÖV 1976, S. 733.
[14] Vgl. Maunz, M-D-H-S, Rn. 16 zu Art. 44 GG; Hamann / Lenz, Kommentar zum GG, Anm. B 1 zu Art. 44 GG.
[15] Vgl. hierzu Böckenförde, AÖR 103, S. 27 ff., der allerdings das Verhältnis zwischen Gemeinden und Untersuchungsausschüssen des *Land*tags behandelt; Klein, Kommentar zum GG, Rn. 5 zu Art. 44 GG.
[16] Ebenso: Böckenförde, AÖR 103, S. 27.
[17] Ebenso: Klein, Kommentar zum GG, Rn. 5 zu Art. 44 GG.

III. Bedeutung dieser Schranken für den Untersuchungsausschuß selbst

Die Beschränkung des Untersuchungsrechts durch die Art. 20 Abs. 1, 28 Abs. 2 GG wirkt sich auch auf das Untersuchungsverfahren selbst aus.

1. Beschränkungen im Rahmen mittelbarer Untersuchungen von Länder- oder Gemeindeangelegenheiten

Eine dieser Auswirkungen wurde bereits oben II. 2. und 3. angesprochen: Soweit Länder- oder Gemeindeangelegenheiten auf mittelbarem Wege untersucht werden können, darf der Untersuchungsausschuß die daraus gewonnenen Erkenntnisse nur als Beweismaterial für das den unmittelbaren Untersuchungsgegenstand betreffende Untersuchungsergebnis verwenden und muß sich jeder Bewertung dieser Erkenntnisse im Schlußbericht enthalten. Anderenfalls griffe er in die Länder- bzw. Gemeindehoheit ein und verletzte Art. 20 Abs. 1 bzw. 28 Abs. 2 GG[18].

2. Geltung des § 50 StPO zugunsten von Mitgliedern der Landesregierungen bzw. Landtage

Darüber hinaus verpflichtet das Bundesstaatsprinzip den Untersuchungsausschuß, dafür Sorge zu tragen, daß die Arbeit von Landesregierungen und Landtagen durch die Vernehmung von deren Mitgliedern im Untersuchungsverfahren so wenig wie möglich behindert wird. Wegen dieser verfassungsrechtlichen Pflicht ist die Anwendung von § 50 StPO auf diese Zeugengruppen im Sinne von Art. 44 Abs. 2 Satz 1 GG „sinngemäß".

3. Beschränkung durch Art. 43 Abs. 2 Satz 1 GG

Schließlich ist auch das in Art. 43 Abs. 2 Satz 1 GG festgelegte Zutrittsrecht der Mitglieder des Bundesrates bzw. ihrer Beauftragten Ausdruck des Bundesstaatsprinzips. Dieses Prinzip hat nicht nur die Aufteilung der staatlichen Kompetenzen auf Bund und Länder, sondern auch deren Kooperation und Zusammenarbeit zum Inhalt. Mit dieser Zielvorstellung wäre ein Eigenleben und eine Isolation des Bundestages gegenüber den Ländern unvereinbar.

Diese Überlegungen sprechen — ebenso wie der Wortlaut des Art. 43 Abs. 2 Satz 1 GG — für ein Zutrittsrecht auch vor Untersuchungsausschüssen. Beeinträchtigungen des Untersuchungsverfahrens durch die Anwesenheit von Bundesratsmitgliedern sind nahezu ausgeschlossen.

---

[18] Vgl. Kölble, DVBl 1964, S. 705.

80　G. Bundesstaatsprinzip und kommunale Selbstverwaltung als Schranken

Dem gegen ein Zutrittsrecht von Mitgliedern der Bundesregierung vorgebrachten Argument, das Vorgehen des Ausschusses werde dem Kontrollierten durch das Anwesenheitsrecht offengelegt (vgl. oben E. IV. 1. d)), ist hier von vornherein der Boden entzogen. Enquêten, die sich mit dem Verhalten einer Landesregierung befassen, sind — wie oben II. 1. dargelegt — nur unter engen Voraussetzungen denkbar und daher noch nie durchgeführt worden. Eine Einschränkung des Art. 43 Abs. 2 Satz 1 GG vor Untersuchungsausschüssen ist somit nicht geboten.

H. Der Minderheitenschutz
im parlamentarischen Untersuchungsrecht

Das in Art. 44 Abs. 1 Satz 1 GG verankerte Minderheitsrecht geht auf Art. 34 Abs. 1 WRV zurück. Es beruht auf dem Vorschlag Max Webers[1], der damit die Konsequenzen aus dem Wechsel von der konstitutionellen Monarchie zur parlamentarischen Regierungsform zog. Sollte nämlich das Untersuchungsrecht durch diesen Wechsel seine Hauptfunktion als Exekutivkontrollinstrument nicht einbüßen, so mußte dies im parlamentarischen System, wo die „Fronten" nicht mehr zwischen Parlament und Regierung, sondern zwischen Opposition auf der einen und Parlamentsmehrheit und Regierung auf der anderen Seite verlaufen, zu einem Kontrollmittel der Minderheit umgestaltet werden. Über Umfang und Grenzen des zu diesem Zwecke geschaffenen Minderheitsrechtes herrscht auch heute noch Streit.

I. Das Minderheitsrecht im Rahmen der Einsetzung von Untersuchungsausschüssen

1. Verfassungsmäßigkeit des Antrags als Voraussetzung für die Einsetzungspflicht

Gemäß Art. 44 Abs. 1 Satz 1 GG hat der Bundestag die Pflicht, einen Untersuchungsausschuß einzusetzen, wenn ein Viertel seiner Mitglieder, also regelmäßig 130 Abgeordnete (vgl. § 1 Abs. 1 Satz 1 BWG), dies beantragt. Dies gilt jedoch nur zugunsten von verfassungsrechtlich zulässigen Anträgen. Verstieße eine Untersuchung gegen das Grundgesetz, so entfällt nicht nur die Einsetzungspflicht des Bundestages, sondern es besteht darüber hinaus ein verfassungsrechtliches Einsetzungsverbot[2]. Dies ergibt sich aus den geschilderten Beschränkungen des parlamentarischen Untersuchungsrechts (vgl. oben D. bis G.).

2. Kompetenz zur Entscheidung über die Zulässigkeit des Antrags

Mangels anderslautender Regelung liegt die Kompetenz zur Entscheidung über die Zulässigkeit des Antrages naturgemäß bei derjenigen Stelle, welche die Einsetzung des Untersuchungsausschusses zu beschlie-

---

[1] Vgl. Weber, Parlament und Regierung, S. 58 ff., 66 f.
[2] Vgl. Hamann / Lenz, Kommentar zum GG, Anm. A zu Art. 44 GG.

ßen hat. Dies ist gemäß Art. 44 Abs. 1 Satz 1 GG der Bundestag. Diese Prüfungskompetenz des Parlaments schützt als Korrektiv des Minoritätsrechts vor Mißbräuchen durch radikale Minderheiten[3]. Andererseits muß auch die antragstellende Minderheit vor einem Mißbrauch des parlamentarischen Prüfungsrechts durch die Mehrheit geschützt werden. Denn jene Zuständigkeit des Bundestages darf nicht dazu führen, daß ein Einsetzungsbegehren mit dem pauschalen Hinweis auf dessen Verfassungswidrigkeit abgelehnt werden kann.

3. Zulässigkeitsvermutung zugunsten von Minderheitsanträgen

Soll das in Art. 44 Abs. 1 Satz 1 GG verankerte Minoritätsrecht nicht leerlaufen, muß daher aus dieser Vorschrift über ihren Wortlaut hinaus eine Zulässigkeitsvermutung zugunsten von allen nicht offensichtlich unzulässigen Minderheitsanträgen gefolgert werden[4]. Auf diese Weise kommt eine Ablehnung eines von einer qualifizierten Minderheit gestellten Einsetzungsantrags nur noch dann in Betracht, wenn triftige Gründe gegen dessen Zulässigkeit vorgebracht werden, d. h. die Verfassungswidrigkeit der begehrten Untersuchung evident ist. Aufgrund der verfassungsrechtlichen Beschränkungen des parlamentarischen Untersuchungsrechts (vgl. oben D. bis G.) ist der Bundestag allerdings verpflichtet, geäußerten Zweifeln an der Verfassungsmäßigkeit eines aufgrund dieser Zulässigkeitsvermutung eingeleiteten Untersuchungsverfahrens nachzugehen. Dies kann durch Einschaltung des Rechtsausschusses oder durch die Einholung eines Sachverständigengutachtens geschehen. Stellt sich hierbei die Verfassungswidrigkeit der Untersuchung heraus, ist das Verfahren einzustellen. Eine solche rechtliche Überprüfung darf aber nicht an die Stelle der Einsetzung des Untersuchungsausschusses treten[5]. Dies bedeutete eine unzulässige Verschleppung des Minoritätsantrags und wäre mit dem Minderheitsrecht des Art. 44 Abs. 1 Satz 1 GG und der daraus abgeleiteten Zulässigkeitsvermutung unvereinbar.

4. Veränderungen des beantragten Untersuchungsthemas durch die Bundestagsmehrheit

Veränderungen des in einem Minderheitsantrag enthaltenen Untersuchungsthemas durch die Parlamentsmehrheit sind ohne Zustimmung

---

[3] Ebenso: Rechenberg, Bonner Kommentar, Rn. 6 zu Art. 44 GG; Pietzner, Evangelisches Staatslexikon, Sp. 2673.

[4] Vgl. BayVerfGHE 30, S. 48 ff. (64 f.); Scholz, AÖR 105, S. 595, 599.

[5] Ebenso: Maunz, M-D-H-S, Rn. 38 zu Art. 44 GG; Model / Müller, GG für die BRD, Anm. 2 zu Art. 44 GG; Gehrig, Parlament — Regierung — Opposition, S. 288. A. A.: Trossmann, Parlamentsrecht, S. 433; Rechenberg, Bonner Kommentar, Rn. 5 zu Art. 44 GG.

der Antragsteller grundsätzlich unzulässig[6]. Das Minderheitsrecht des Art. 44 Abs. 1 Satz 1 GG verpflichtet den Bundestag, den Einsetzungsantrag in derjenigen Form anzunehmen, die ihm die Antragsteller geben. Andernfalls könnte die Bundestagsmehrheit die Untersuchung durch Kürzungen oder Erweiterung des Untersuchungsgegenstands in eine andere Richtung lenken. Dennoch ist in folgenden Fällen eine Abänderung auch gegen den Willen der Antragsteller zulässig[7]:

a) Rein redaktionelle Unrichtigkeiten dürfen beseitigt werden.
b) Stilistische Verbesserungen dürfen vorgenommen werden.
c) Offensichtlich verfassungswidrige Teile des Untersuchungsgegenstands dürfen abgetrennt werden.
d) Erweiterungen sind dann zulässig, wenn aufgrund einer einseitigen Themenwahl der Antragsteller der maßgebliche Mißstand nur von einer Seite beleuchtet würde und die Erweiterung der Vermittlung eines umfassenderen und wirklichkeitsgetreueren Bildes dient.

Die Zulässigkeit der Änderungen a) und b) ergibt sich aus der Erwägung, daß diese Korrekturen den beantragten Untersuchungsgegenstand inhaltlich nicht verändern. Im Falle c) müßte der Bundestag, nähme er diese Abtrennung nicht vor, den Untersuchungsantrag insgesamt zurückweisen. Die Abtrennung ist also die schonendere, mit dem Minderheitsrecht verträglichere Lösung. Die unter d) geschilderte Änderung schließlich läßt den Kern des beantragten Untersuchungsthemas unberührt und gestattet eine dem öffentlichen Aufklärungsinteresse entgegenkommendere, umfassendere und ausgewogenere Untersuchung.

5. Rechtsschutzmöglichkeiten

Rechtsschutz kann sowohl die qualifizierte Minderheit des Art. 44 Abs. 1 Satz 1 GG als auch der Bundestag bzw. einzelne seiner Abgeordneten mittels einer Organklage nach Art. 93 Abs. 1 Nr. 1 GG, §§ 13 Nr. 5, 63 ff. BVerfGG beim Bundesverfassungsgericht suchen[8].

II. Minderheitsrechte während des Untersuchungsverfahrens

Ein noch völlig ungelöstes Problem ist der Minderheitenschutz während des laufenden Verfahrens. Da die Mehrheitsverhältnisse im Untersuchungsausschuß gemäß § 12 GeschOBT den Mehrheitsverhältnissen

---

[6] Vgl. Leibholz / Rinck, GG für die BRD, Anm. zu Art. 44 GG; Rechenberg, Bonner Kommentar, Rn. 8 zu Art. 44 GG; Klein, Kommentar zum GG, Rn. 3 zu Art. 44 GG; Frost, AÖR 95, S. 68; Laforet, Gegenwartsprobleme, S. 63.
[7] Vgl. BVerfGE 49, S. 70 ff. (87 f.); Leibholz / Rinck, GG für die BRD, Anm. zu Art. 44 GG; Maunz, M-D-H-S, Rn. 36 zu Art. 44 GG.
[8] Vgl. hierzu näher: Jekewitz, DÖV 1984, S. 187 ff.

im Bundestag entsprechen, sind die Vertreter der antragstellenden Parlamentsminorität auch im Untersuchungsausschuß in der Minderzahl. Gälte das über die §§ 48 Abs. 2, 74 GeschOBT für die Bundestagsausschüsse verbindliche Mehrheitsprinzip in uneingeschränktem Maße auch für Untersuchungsausschüsse, so wäre die Effektivität des Untersuchungsrechts als Exekutivkontrollinstrument erheblich beeinträchtigt. Zwar könnte auch dann eine Parlamentsminderheit gemäß Art. 44 Abs. 1 Satz 1 GG gegen den Willen der Mehrheit die Einsetzung eines Untersuchungsausschusses erzwingen; doch wäre die Bundestagsmehrheit durch ihre zahlenmäßig überlegene Vertretung im Ausschuß imstande, die Untersuchung in eine ihr genehme Richtung zu lenken und ein für sie günstiges Untersuchungsergebnis zu erzielen.

Diese Gefahr einer Aushöhlung des parlamentarischen Untersuchungsrechts durch eine uneingeschränkte Geltung des Mehrheitsprinzips im Enquêteverfahren wurde allgemein gesehen[9]. Lewald hatte 1922 mit seiner „Vergeistigungstheorie" noch die Auffassung vertreten, aus dem parlamentarischen System als solchem ergebe sich ein während des gesamten Untersuchungsverfahrens geltendes, freies Verfügungsrecht der Minderheit[10]. Zur Begründung führte er an, im parlamentarischen System nehme nicht mehr die gesamte Volksvertretung, sondern nur mehr die Opposition die Aufgaben wahr, die zur Zeit der konstitutionellen Monarchie vom ganzen Parlament bewältigt worden seien. Deshalb sei heute parlamentarische Macht Minderheitsmacht, die eine „Vergeistigung der parlamentarischen Form" bedeute.

Diese Argumentation verkennt, daß der Wechsel von konstitutioneller Monarchie zur parlamentarischen Demokratie auch eine Veränderung der Aufgaben des Parlaments mit sich gebracht hat. Berücksichtigt man, daß die Gesetzgebungsarbeit heute den Schwerpunkt der Arbeit des Bundestages ausmacht und daß die Repräsentationsfunktion des Parlaments neue, zusätzliche Aufgaben geschaffen hat, so ist festzustellen, daß — abgesehen von der Exekutivkontrolle, welche überwiegend von der Opposition wahrgenommen wird — auch heute die Mehrheit der legislativen Aufgaben vom ganzen Parlament erfüllt wird. Wie Art. 42 Abs. 2 Satz 1 GG ausdrücklich regelt, gilt daher auch in unserer parlamentarischen Demokratie das Mehrheitsprinzip. Das Minderheitsrecht bleibt die Ausnahme und findet lediglich im Einzelfall insoweit Anwendung, als sich dies zwingend aus der Verfassung ergibt[11].

---

[9] Vgl. Scholz, AÖR 105, S. 601; Maunz, M-D-H-S, Rn. 50 zu Art. 44 GG; Gehrig, Parlament — Regierung — Opposition, S. 289.
[10] Vgl. Lewald, AÖR 44, S. 320,
[11] Im Ergebnis ebenso: Scholz, AÖR 105, S. 602 f.

II. Minderheitsrechte während des Untersuchungsverfahrens

Ein umfassendes Minderheitsrecht während des ganzen Untersuchungsverfahrens ist also mit Art. 42 Abs. 2 Satz 1 GG unvereinbar. Vielmehr kann und muß ein Minderheitenschutz lediglich für diejenigen Verfahrenspunkte diskutiert werden, an denen ohne eine solche Vorkehrung das Untersuchungsrecht des Art. 44 GG illusorisch bzw. das im Rahmen der Einsetzung gewährte Minderheitsrecht ausgehöhlt würde[12]. Und auch hier kommt wegen des Ausnahmecharakters des Minoritätsrechts nur der jeweils schwächste ausreichende Minderheitenschutz in Betracht. Zu einer solch ernsthaften Gefährdung des parlamentarischen Untersuchungsrechts durch die unbeschränkte Geltung des Mehrheitsprinzips kann es nur an zwei „neuralgischen" Punkten der Untersuchung kommen: bei der Beweiserhebung und im Rahmen der Feststellung des Untersuchungsergebnisses.

Billigte man der Ausschußmehrheit ein uneingeschränktes Recht zur Ablehnung von Beweisanträgen zu, bestünde die Gefahr, daß die Mehrheit nur solche Beweiserhebungen beschließt, welche die Feststellung eines ihr genehmen Untersuchungsergebnisses zu fördern versprechen. Dadurch könnte der eigentliche Untersuchungszweck vereitelt werden[13].

In Art. 44 Abs. 1 Satz 1 GG wird der Untersuchungsausschuß zur Erhebung aller erforderlichen Beweise verpflichtet. Daraus folgt, daß der Ausschuß selbst den Beweisantrag eines einzelnen Mitglieds nicht ablehnen darf, soweit die begehrte Beweiserhebung zur Aufklärung des Untersuchungsgegenstands vonnöten ist. Als Richtschnur für das Vorliegen bzw. Fehlen von Ablehnungsgründen können die Abs. 3 bis 5 des § 244 StPO herangezogen werden[14]. Da aber bei unbeschränkter Geltung des Mehrheitsprinzips über die Erforderlichkeit von Beweiserhebungen wiederum die Ausschußmehrheit entscheidet, enthält dieser Hinweis noch keine Problemlösung. Diese kann vielmehr nur in der Gewährung von Minderheitenschutz gefunden werden. Als milde und trotzdem ausreichende Beschränkung des Mehrheitsprinzips bietet sich folgender Weg an: Im Falle von Minderheitsenquêten, bei denen die Mehrheit ihre zahlenmäßige Überlegenheit zur Vereitelung des Untersuchungszwecks einsetzen und damit das parlamentarische Untersuchungsrecht ad absurdum führen könnte, muß aus der verfassungsrechtlichen Funktion des Untersuchungsrechts in Verbindung mit dem in Art. 44 Abs. 1 Satz 1 GG niedergelegten Minderheitsrecht eine grundsätzliche Vermutung zugunsten der Erforderlichkeit von beantragten Beweiserhebungen geschlossen werden[15]. Beweisanträge dürfen daher

---
[12] Vgl. Scholz, AÖR 105, S. 603.
[13] Vgl. Scholz, AÖR 105, S. 601 f.
[14] Vgl. Gollwitzer, Festschrift, S. 345.
[15] Ebenso: Scholz, AÖR 105, S. 603 f., 622.

nur dann abgelehnt werden, wenn die begehrten Beweiserhebungen zur Aufklärung des Untersuchungsgegenstands offensichtlich nicht erforderlich sind. Um den Untersuchungsausschuß vor einer das Verfahren beeinträchtigenden Flut von nicht immer erfolgversprechenden Beweisanträgen zu bewahren und damit vor einer weiteren Bedrohung seiner Funktionsfähigkeit zu schützen, wird die Vermutungswirkung erst an solche Beweisanträge geknüpft, die von einer nicht völlig unerheblichen Zahl von Ausschußmitgliedern gestellt werden. Die Übernahme der in Art. 44 Abs. 1 Satz 1 GG genannten Mindestzahl von einem Viertel der Abgeordneten bietet gleichermaßen Schutz gegen die Gefahr der Überlastung durch Beweisanträge wie gegen eine Vereitelung des Verfahrens durch die Mehrheit.

In gleichem Maße gefährlich für das parlamentarische Untersuchungsrecht ist die uneingeschränkte Geltung des Mehrheitsprinzips im Rahmen der Feststellung des Untersuchungsergebnisses. Könnte nämlich allein die Ausschußmehrheit über den Inhalt des Schlußberichts, der die Öffentlichkeit mit dem Untersuchungsergebnis vertraut machen soll, bestimmen, wäre sie imstande, durch Auslassungen oder geschickte Formulierungen ein falsches, ihr genehmes Bild vom Untersuchungsergebnis zu vermitteln. Dies stünde aber im krassen Widerspruch zum politisch-informatorischen Zweck des Enquêteverfahrens und wäre mit Art. 44 GG unvereinbar. Deshalb muß auch in diesem Punkt das Mehrheitsprinzip eingeschränkt werden[16]. Zwei Wege bieten sich an: Entweder folgt man der Regelung des § 66 Abs. 2 Satz 1 GeschOBT und nimmt die Minderheitsansicht in den im übrigen von der Mehrheit bestimmten Schlußbericht auf, oder man spaltet den Schlußbericht in einen von der Mehrheit bestimmten Mehrheitsbericht und einen allein von der Minderheit getragenen Minderheitsbericht auf. Die parlamentarische Praxis bedient sich der zweiten Möglichkeit[17]. Zweckmäßiger erscheint jedoch der erste Weg. Denn bei der Aufnahme der Minderheitsansicht in den gemeinsamen Schlußbericht wird es notwendigerweise zu einer Auseinandersetzung zwischen Mehrheit und Minderheit über Begründung und Formulierung der Minderheitsansicht kommen. Der dadurch bewirkte Kontrolleffekt fehlt bei einer Aufspaltung in zwei Berichte. Dort wird der Minderheitsbericht ohne Diskussion mit der Mehrheit allein von der Minderheit gestaltet.

---

[16] Vgl. Gehrig, Parlament — Regierung — Opposition, S. 289.
[17] Auskunft der Wissenschaftlichen Abteilung des Deutschen Bundestages v. 22. 4. 82.

III. Minderheitsrechte im Rahmen der Beendigung von Untersuchungsverfahren[18]

1. Normalfall der Beendigung eines Untersuchungsverfahrens

Normalerweise wird ein Untersuchungsverfahren dadurch beendet, daß der Ausschuß die Beweiserhebung abschließt, den Schlußbericht erstellt und dem Bundestag Rechenschaft ablegt. Die Beweiserhebung kann nur dann abgeschlossen werden, wenn keine weiteren Beweisanträge eingehen, welchen der Ausschuß Folge zu leisten hat. Daher deckt sich die Frage, inwieweit die Ausschußmehrheit das Verfahren gegen den Willen der Minderheit beenden kann, mit dem soeben erörterten Problem, inwieweit Beweisanträge gegen den Willen der Mehrheit durchgesetzt werden können. Es kann daher auf die Darlegungen oben II. verwiesen werden.

2. Beendigung des Untersuchungsverfahrens durch Auflösungsbeschluß des Bundestages

Neben dieser normalen Beendigungsform eines parlamentarischen Untersuchungsverfahrens besteht aber auch noch die Möglichkeit eines vorzeitigen Endes durch Auflösungsbeschluß des Bundestages. Dies ergibt sich e contrario aus Art. 44 Abs. 1 Satz 1 GG: Wenn dem Bundestag das Recht zur Einsetzung eines Untersuchungsausschusses zusteht, ist ihm auch die Berechtigung zum actus contrarius, d. h. zur Auflösung des Ausschusses, zuzubilligen[19]. Nur muß gemäß Art. 44 Abs. 1 Satz 1 GG wie bei der Einsetzung auch bei der Auflösung von Untersuchungsausschüssen der Minderheitenschutz gewährleistet werden. Anderenfalls könnte eine Minderheitsenquête durch Beschluß der Parlamentsmehrheit sofort wieder aufgelöst werden, was dem Regelungszweck des Art. 44 Abs. 1 Satz 1 GG widerspräche. Dies bedeutet, daß Ja-Stimmen und Enthaltungen bei der Abstimmung über eine Untersuchungsausschußauflösung über ¾ der Mitglieder des Bundestages ausmachen müssen[20]. Dabei ist unerheblich, ob eine Mehr- oder Minderheitsenquête vorliegt und auf welcher Seite die ursprünglichen Antragsteller stehen[21]. Wird diese Mehrheit nicht erreicht, muß der Untersuchungsausschuß bestehen bleiben.

---

[18] Hierüber kam es anläßlich des sog. Langemann-Untersuchungsverfahrens zum Streit zwischen den Fraktionen der CSU und SPD, FDP im 9. Bayerischen Landtag; vgl. die Südd. Zeitung v. 7.7.82 und BayVerfGH, BayVBl 1983, S. 78 ff.
[19] Vgl. Maunz, M-D-H-S, Rn. 41 zu Art. 44 GG; Model/Müller, GG für die BRD, Anm. 2 zu Art. 44 GG; Versteyl, GG-Kommentar, Rn. 14 zu Art. 44 GG.
[20] Ebenso: Maunz, M-D-H-S, Rn. 41 zu Art. 44 GG.
[21] Ebenso: Maunz, M-D-H-S, Rn. 41 zu Art. 44 GG. A. A.: Trossmann, Parlamentsrecht, S. 447; Gehrig, Parlament — Regierung — Oposition, S. 289.

J. Bestrebungen zur Reformierung des parlamentarischen Untersuchungsrechts

Schon während der Geltung des Art. 34 WRV lag der Hauptmangel des parlamentarischen Untersuchungsrechts in dessen allzu knapper und wenig präziser verfassungsrechtlicher Regelung. Es liegt daher auf der Hand, daß die zahlreichen rechtlichen Unklarheiten nur über eine Reform des Art. 44 GG und bzw. oder den Erlaß eines Untersuchungsausschuß-Gesetzes zu beseitigen sind. Diesbezügliche Vorschläge wurden bereits in großer Zahl unterbreitet:

Einen ersten Schritt unternahmen die Präsidenten der deutschen Länderparlamente im Jahre 1961. Auf ihrer Konferenz verabschiedeten sie im Juli dieses Jahres eine Reihe von Empfehlungen, mittels derer sie im wesentlichen die bis dahin von Rechtsprechung und Literatur entwickelte Rechtslage darstellten[1].

1964 beschäftigte sich der 45. Deutsche Juristentag in Karlsruhe mit dem parlamentarischen Untersuchungsrecht. Ausgehend von einem Gutachten Karl Josef Partschs sowie den Referaten Horst Ehmkes, Gustav Heinemanns und Joachim von Heydebrecks beschloß man 12 Thesen, welche die Stellungnahme der Tagungsteilnehmer zu den meistumstrittenen Fragen des Enquêterechts enthielten[2].

Diese Thesen legte eine im Jahre 1962 eingesetzte Kommission der Interparlamentarischen Arbeitsgemeinschaft ihrer Arbeit zugrunde, welche im Dezember 1967 bzw. im Mai 1969 zu Initiativanträgen von Mitgliedern aller Bundestagsfraktionen führte, die auf eine Änderung des Grundgesetzes bzw. auf den Erlaß eines Untersuchungsausschuß-Gesetzes gerichtet waren[3]. Doch wurde keiner dieser Anträge vom Bundestag verabschiedet.

Im Jahre 1972 wurde dann ein Mustergesetzentwurf der Präsidenten der deutschen Länderparlamente veröffentlicht, in den alle bis dahin gewonnenen Erkenntnisse von Rechtsprechung und Literatur eingearbeitet waren[4].

---

[1] Vgl. den Abdruck in ZParl 3 (1972), S. 433 ff.
[2] Vgl. Verhandlungen des 45. DJT, Bd. I (Gutachten), Teil 3 bzw. Bd. II (Sitzungsberichte), Teil E, und den Abdruck in ZParl 3 (1972), S. 436 ff.
[3] Vgl. Drs. V/2425 bzw. Drs. V/4209.
[4] Vgl. den Abdruck in ZParl 3 (1972), S. 427 ff.

J. Bestrebungen zur Reformierung des Untersuchungsrechts

Ende desselben Jahres, nämlich am 21.12.1972, legte die Enquête-Kommission Verfassungsreform des Bundestages einen Zwischenbericht und am 9.12.1976 einen Schlußbericht ihrer Arbeiten an einem Entwurf zur Änderung des Art. 44 GG vor[5]. Doch auch diese Reformvorschläge wurden nicht verwirklicht.

Auch zur Zeit bemüht man sich wieder in interfraktioneller Zusammenarbeit um eine Reform des Untersuchungsrechts[6]. Man versucht zunächst, dieses Ziel auf dem Wege über ein Untersuchungsausschuß-Gesetz zu erreichen, und will erst dann, wenn dies nicht ausreichend erscheint, zum Mittel der Verfassungsänderung greifen. Ursprünglich glaubte man, die Arbeit bis Ende 1984 abschließen zu können. Jedoch ist aufgrund des vorzeitigen Abbruchs der 9. Legislaturperiode und der Konstituierung des neuen, 10. Deutschen Bundestages mit einer weiteren Verzögerung zu rechnen.

Angesichts der steigenden praktischen Bedeutung des parlamentarischen Untersuchungsrechts, die sich gerade in jüngster Zeit anhand von zahlreichen verfassungsgerichtlichen Verfahren, die enquêterechtliche Fragen betreffen, dokumentiert[7], erscheint eine Klärung und Reformierung der Rechtslage dringend geboten.

---

[5] Vgl. BT-Drs. VI/3829, S. 14 - 22, und BT-Drs. VII/5924, Kap. 4, Ziff. 1.2.
[6] Auskunft der Wissenschaftlichen Abteilung des Deutschen Bundestages v. 22.4.82.
[7] Vgl. vor allem: BVerfG, DÖV 1984, S. 754 ff., im Fall „Flick" und die Antragsschrift von Schröder (nicht veröffentlicht) im Organstreitverfahren im Fall „Rauschenbach".

Literaturverzeichnis

In den Anmerkungen werden die im folgenden aufgeführten Titel in der durch Kursivschrift gekennzeichneten Kurzform zitiert.

Achterberg, Norbert: Grundzüge des *Parlamentsrechts* (1971), S. 58 f.

Albert, Fritz: Die *Untersuchungsausschüsse* der Reichsverfassung und ihr Verfahren, Diss., Heidelberg 1924

Anschütz, Gerhard: Weimarer Reichsverfassung, 14. Aufl. (1933), Anm. zu Art. 34

Badura, Peter: Anmerkung zum Urteil des BVerfG v. 17. 7. 84 und zu dessen Beschluß v. 5. 6. 84, *DÖV 1984*, S. 760 ff.

Becker, Walter P.: Ein Beitrag zum Recht der parlamentarischen Untersuchungsausschüsse unter besonderer Berücksichtigung der Empfehlungen der Konferenz der Präsidenten der deutschen Länderparlamente, *DÖV 1964*, S. 505 ff.

— Das Recht parlamentarischer Untersuchungsausschüsse. Mit einer Synopse der Reformmodelle, *ZParl 3* (1972), S. 425 ff.

Böckenförde, Ernst-Wolfgang: Parlamentarische Untersuchungsausschüsse und kommunale Selbstverwaltung, *AöR 103* (1978), S. 1 ff.

Cordes, Bernhard: Das Recht der *Untersuchungsausschüsse* des Bundestages (Art. 44 BGG), Diss., München 1958

Dichgans, Hans: Die Zusammenarbeit parlamentarischer Untersuchungsausschüsse, *NJW 1964*, S. 957 f.

Ehmke, Horst: Parlamentarische Untersuchungsausschüsse und Verfassungsschutzämter, *DÖV 1956*, S. 417 ff.

Ellwein, Thomas: Das *Regierungssystem* der Bundesrepublik Deutschland, 3. Aufl., 1973, S. 288 f.

Eschenburg, Theodor: *Staat und Gesellschaft* in Deutschland (1952), S. 551 ff.

Fenk, Helmut: Müssen Beamte als Zeugen vor parlamentarischen Untersuchungsausschüssen aussagen? *ZBR 1971*, S. 44 ff.

Friesenhahn, Ernst: Parlament und Regierung im modernen Staat, *VVDStRL 16* (1958), S. 9 ff.

Frost, Herbert: Die Parlamentsausschüsse, ihre Rechtsgestalt und ihre Funktionen, dargestellt an den Ausschüssen des Deutschen Bundestags, *AöR 95* (1970), S. 38 ff.

Gehrig, Norbert: Parlament — Regierung — Opposition (1969), S. 287 ff.

Giese / Schunck: Grundgesetz für die Bundesrepublik Deutschland, Kommentar, 9. Aufl., 1976

Gollwitzer, Walter: Die sinngemäße Anwendung der Strafprozeßordnung bei der Beweiserhebung parlamentarischer Untersuchungsausschüsse, *Festschrift* für Dünnebier (1983), S. 327 ff.

— Der Betroffene im Verfahren der Untersuchungsausschüsse des Bayerischen Landtages, *BayVBl 1982*, S. 417 ff.

Groß, Philipp und Rolf: Das Zutrittsrecht zu Verhandlungen der Untersuchungsausschüsse nach Art. 43 Abs. 2 GG, *JR 1963*, S. 335 f.

Groß, Rolf: Zum Verfahren parlamentarischer Untersuchungsausschüsse, *DVBl 1971*, S. 638 ff.

Halstenberg, Friedrich: Das *Verfahren der parlamentarischen Untersuchungsausschüsse* nach Art. 44 des Grundgesetzes unter besonderer Berücksichtigung des Verhältnisses zur Gerichtsbarkeit, Diss., Köln 1957

Hamann / Lenz: *Kommentar zum Grundgesetz für die Bundesrepublik Deutschland*, 3. Aufl., 1970

Heck, Karl: Das parlamentarische Untersuchungsrecht, Stuttgart 1925

Heinemann, Gustav W.: Verhandlungen des 45. Deutschen Juristentages (Karlsruhe 1964), Bd. II, Teil E, S. 58 ff.

Herzog, Roman: Anm. zu Art. 20 GG, in: Maunz / Dürig / Herzog / Scholz *(M-D-H-S)*, Kommentar zum GG, Bd. II (1980)

Jaeger, Richard: Artikel „Deutscher Bundestag", in: *Staatslexikon*, 6. Aufl., Bd. 2 (1958), Sp. 639

Jekewitz, Jürgen: Parlamentarische Akteneinsicht mit Hilfe des Bundesverfassungsgerichts? *DÖV 1984*, S. 187 ff.

Kessler, Uwe: Stichwort „Untersuchungsausschüsse", in: Handbuch des *deutschen Parlamentarismus* (hrsg. von Röhring / Sontheimer, 1970), S. 466 ff.

— Die Aktenvorlage und Beamtenaussage im parlamentarischen Untersuchungsverfahren, *AöR 88* (1963), S. 313 ff.

Klein, Franz: Anm. zu Art. 44 GG, in: Schmidt-Bleibtreu / Klein, Kommentar zum Grundgesetz, 6. Aufl., 1983

Kleinknecht, Theodor: *Strafprozeßordnung* mit Gerichtsverfassungsgesetz und Nebengesetzen, 35. Aufl., 1981

Kölble, Josef: Parlamentarisches Untersuchungsrecht und Bundesstaatsprinzip, *DVBl 1964*, S. 701 ff.

Koellreutter, Otto: Deutsches Staatsrecht (1953), S. 190 f.

Lässig, Curt: Beschränkungen des Beweiserhebungsrechts parlamentarischer Untersuchungsausschüsse — insbesondere aufgrund des Bundesstaatsprinzips, *DÖV 1976*, S. 727 ff.

Laforet, Wilhelm: Die Scheidung der Gewalten nach dem Bonner Grundgesetz, in: *Gegenwartsprobleme* des Rechts (hrsg. von Conrad / Kipp, 1950)

Leibholz / Rinck: *Grundgesetz für die Bundesrepublik Deutschland*, Kommentar an Hand der Rechtsprechung des Bundesverfassungsgerichts, 6. Aufl., 1980

Lewald, Walter: Enquêterecht und Aufsichtsrecht. Eine verfassungskritische Studie, *AöR 44* (1923), S. 269 ff.

Linck, Joachim: Zur Informationspflicht der Regierung gegenüber dem Parlament, *DÖV 1983*, S. 957 ff.

Maunz, Theodor: Anm. zu Art. 43, 44 GG, in: Maunz / Dürig / Herzog / Scholz *(M-D-H-S)*, Kommentar zum Grundgesetz Bd. 2 (1980)

Mengel, Hans-Joachim: Die Auskunftsverweigerung der Exekutive gegenüber parlamentarischen Untersuchungsausschüssen, *EuGRZ 1984*, S. 97 ff.

Model / Müller: Grundgesetz für die Bundesrepublik Deutschland, Taschenkommentar, 7. Aufl., 1972

Müller-Boysen, Ulrike: Die *Rechtsstellung des Betroffenen* vor dem parlamentarischen Untersuchungsausschuß, Diss., Kiel 1980

Partsch, Karl-Josef: Verhandlungen des 45. Deutschen Juristentages (Karlsruhe 1964), Bd. I, Teil 3, S. 145 ff.

Pfander, Nikolaus: Beschlagnahme von Anwaltsakten im Rahmen eines Enquêteverfahrens? *NJW 1970*, S. 314 f.

Pietzner, Rainer: Das Zutrittsrecht der Bundesregierung im parlamentarischen Untersuchungsverfahren, *JR 1969*, S. 43 ff.

— Stichwort: „Untersuchungsausschüsse", in: *Evangelisches Staatslexikon* (hrsg. von Kunst / Herzog / Schneemelcher, 2. Aufl., 1975), Spalten 2670 ff.

Plagemann, Herrmann: Mehr parlamentarische Kontrolle durch Untersuchungsausschüsse, *ZParl 8* (1977), S. 242 ff.

Rechenberg, Hermann: Anm. zu Art. 44 GG, in: Kommentar zum Bonner Grundgesetz *(Bonner Kommentar)*, Bd. 4 (1980)

Redlich, Josef: Recht und Technik des *englischen Parlamentarismus*, Leipzig 1905

Ridder, Helmut: Artikel „Untersuchungsausschuß", in: *Staatslexikon*, 6. Aufl., Bd. 7 (1962), Sp. 1170 ff.

Rinck, Hans-Justus: Verfassungsrechtliche Grenzen der Beeidigungsbefugnis parlamentarischer Untersuchungsausschüsse, *DVBl 1964*, S. 706 ff.

Rosenberg, Werner: Verhandlungen des *34. Deutschen Juristentags* (Köln 1926), Bd. 1, S. 19 ff.

Rotter, Frank: Parlamentarische Untersuchungsausschüsse und Öffentlichkeit, *PVS XX (1979)*, S. 111 ff.

Schäfer, Friedrich, Der Bundestag, 2. Aufl., 1975, S. 277 ff.

Schenke, Wolf-Rüdiger: Die Verfassungsorgantreue, Berlin 1977

Schmittner, Konrad: Bessere Rechtsgrundlagen für die Enquête-Kommission des Deutschen Bundestags, *DÖV 1973*, S. 694 ff.

Schnabel, Eginhard: Der parlamentarische Untersuchungsausschuß — ein wirksames Kontroll- und Informationsinstrument des Parlaments? Diss., Tübingen 1968

Schneider, Hans-Peter: *Antragsschrift* der SPD-Fraktion des 10. Deutschen Bundestags auf Herausgabe der Flick-Steuerakten an den Untersuchungsausschuß (22. 12. 1983; nicht veröffentlicht); Organstreitverfahren vor dem BVerfG

Scholz, Rupert: Das Grundrecht der freien Entfaltung der Persönlichkeit in der Rechtsprechung des Bundesverfassungsgerichts, *AöR 100* (1975), S. 80 ff., 265 ff.

— Parlamentarischer Untersuchungsausschuß und Steuergeheimnis, *AöR 105* (1980), S. 564 ff.

Schröder, Meinhard: *Antragsschrift* der CDU/CSU-Fraktion des 9. Deutschen Bundestags auf Herausgabe der Rauschenbach-Akten an den Untersuchungsausschuß (10. 3. 1982; nicht veröffentlicht); Organstreitverfahren vor dem BVerfG

Seibert, Gerhard: Parlamentarischer Untersuchungsausschuß und Steuergeheimnis, *NJW 1984*, S. 1001 ff.

Steffani, Winfried: Funktion und Kompetenz parlamentarischer Untersuchungsausschüsse, *PVS I* (1960), S. 153 ff.

Stern, Klaus: Das Staatsrecht der Bundesrepublik Deutschland, Bd. II (1980), S. 58 ff. und 103 ff.

— Die Kompetenz der Untersuchungsausschüsse nach Artikel 44 Grundgesetz im Verhältnis zur Exekutive unter besonderer Berücksichtigung des Steuergeheimnisses, *AöR 109 (1984)*, S. 199 ff.

Thiele, Willi: Parlamentarische Untersuchungsausschüsse und Personalakten der Beamten, *ZBR 1955*, S. 76 ff.

Trossmann, Hans: *Parlamentsrecht* des Deutschen Bundestags, Kommentar, 1977 (Ergänzungsband von 1981)

— Das Aktenanforderungsrecht der Untersuchungsausschüsse des Deutschen Bundestages, *Festschrift* für Schellknecht (1984), S. 21 ff.

Versteyl, Ludger-Anselm: Anm. zu Art. 44 GG, in: Grundgesetz-Kommentar (hrsg. von Ingo von Münch), Bd. 2 (1976)

Wagner, Wolfgang: Vernehmungs- und Vereidigungsrecht parlamentarischer Untersuchungsausschüsse, *NJW 1960*, S. 1936 ff.

Weber, Max: *Parlament und Regierung* im neugeordneten Deutschland, 1918

Wesel, Uwe: *Antragsschrift* der Fraktion der GRÜNEN des 10. Deutschen Bundestags auf Herausgabe der Flick-Steuerakten an den Untersuchungsausschuß (8. 9. 1983; nicht veröffentlicht); Organstreitverfahren vor dem BVerfG

Weustermann, Ulrich: *Steuergeheimnis* und parlamentarischer Untersuchungsausschuß, Diss., Würzburg 1982

Zweig, Egon: Die parlamentarische Enquête nach deutschem und österreichischem Recht, *ZfP VI* (1913), S. 265 ff.

Printed by Libri Plureos GmbH
in Hamburg, Germany